音声DL付

英語の瞬発力を鍛える

英会話トレーニング

著 手塚朱羽子　　イラスト 徳永明子

はじめに

英語のフレーズ集を暗記しているのに話せない人へ

はじめまして。

本書をお手に取っていただき、ありがとうございます！

「英語は『運用力』」をモットーに、英語での効果的なコミュニケーション術をお伝えしている手塚朱羽子と申します。

企業の研修や大学が主催する講座で、日常生活やビジネスにおける英語スキルの向上をお手伝いするのが私の仕事です。

日ごろ、私が社会人のみなさんに英語を教えていて感じるのは、**「日本人の英語力は決して低くない」**ということ。

生徒のみなさんは、向学心にあふれていてとても熱心。英文法もひと通り理解している方が多く、けっこう難しい単語や言い回しもご存じです。中学・高校・大学と英語の授業があり、社会に出てからもTOEICなどを受験する方がいるのですから、当然といえば当然ですね。

意外なのは、それにもかかわらず「英語が話せない」と思っている人がたくさんいることです。

実際、英会話となるとなかなか言葉が出てこなかったり、話が続かなかったり……といったケースをよく見かけます。

そんな方々のお悩みをズバリ解決するのが本書です。

ここで身につけるのは、**英語でのコミュニケーション力、とりわけ「英語の瞬発力」です。**

TOEICで高い点数を取れるような「英語力」を鍛える本ではありませんのでお間違いなく。でも、TOEIC高得点でも「英会話が苦手……」という人のお役には立つと自負しています！

また、フレーズ集をたくさん読んで暗記しているのに実践の場でなかなか使えないという人にも、目からウロコのメソッドだと思います。

そもそも私が、**「英会話ができるかどうかは英語力だけでは決まらない」**ということに気づいたのは、実際に英語を使って仕事をしたときでした。

私はこれまで、イギリスのロンドンで勉強をしながら、貿易会社やテレビ番組制作現場の通訳兼コーディネーターとして働いたり、日本に帰ってきてからは企業に勤めて英語での交渉や通訳の仕事などをしたりしてきました。長い間ビジネスの現場で英語を使っていたわけですが、その間に気づいたことがあります。

それは、**「日本語を英語に一字一句あてはめようとしなくていい」、いえ、むしろ「しないほうがいい」ということ。**

限られた時間の会話で、メインとなるメッセージをわかりやすく伝えるには、時として大胆な省略や発想の転換が近道になります。

1つ例をご紹介しましょう。ロンドンで貿易会社に勤務していたときのことです。税関に提出する書類を作成したのですが、「いつまでに提出する必要がありますか？」と質問するにあたり、英語でどう表現しようかと考えました。完全な文章にすると、By when do we need to submit it? となります。長いですよね。これを、Deadline?「締め切りは？」と、尻上がりのイントネーションでひと言。瞬時に伝わりました。そのときの爽快感といったらありません。

この「英語を運用する力」を身につけてからは、英語でのコミュニケーションがそれまでよりもずっとスムーズになりました。仕事で英語を教えるようになってからは、そんな私自身が助けられた「英語を運用するコツ」を「手塚メソッド」としてお伝えしています。本書は、そうしたコツのなかで、**もっともカンタンで、かつ実用性の高い「英語の瞬発力」を身につける方法**を紹介したものです。**日本語をすばやく英語にするための考え方を身につける**ことを目的としています。

本書では実際によくあるやり取りを選りすぐっていますので、英語の定番フレーズも学べますが、メインの目的は、そのフレーズにいたる発想のコツを身につけること。

例えば51ページにあるように、仕事の進み具合を聞かれて、「い

い感じです」と答える場合。モデルアンサーには、

① **Fine.**	**大丈夫です。**
② **No problem.**	**問題ないです。**
③ **Perfect.**	**カンペキです。**

という3つのパターンを載せています。

「3つのうちどれが正解？」「上の訳は『いい感じ』っていう日本語と全然違うのでは？」と戸惑わないでください。上に挙げたものはどれも正解ですし、これ以外の答え方もあり得ます。**要は、「仕事は順調だろうか」と心配して聞いてきた相手を安心させる返事ができればいいのです。**

逆に「いい感じ、だから……Good feelingかな？」などと直訳すると「いい気分」という意味になってしまい、伝わらないどころか相手を困惑させてしまいます。

「日本語を英語に一字一句あてはめようとしないほうがいい」というのは、こういうことなのです。

「木を見て森を見ず」とならないように、相手の質問の意を汲んで、適切な返答を、シンプルな英語で返すこと。これが英会話に必要な「英語の瞬発力」です。

この考え方のコツをつかむと、フレーズの丸暗記をしなくても、英会話が苦にならなくなります。

実際に、過去に教えた生徒さんからは、

「一生使えるスキルが身についた」
「いかに英語を効率よく身につけビジネスに生かすか悩んでいたが、解決の道筋が見つかった」

など、うれしい感想をいただいています。

本書ではまず、Part 1で「英語の瞬発力」を身につけるための発想のコツを、3つの「鉄則」として紹介します。続くPart 2では、さまざまな年齢の男女5人のキャラクターの日常生活を一緒に体験しながら、Part 1で学んだ発想のコツを生かして日本語をすばやく英語にするトレーニングを行っていきます。Part 2の音声はダウンロードできますので、音声を聞いてサッと英語で答える練習をしてみてください。答え方のポイントを読んでトレーニングを続けるうちに、だんだんと英語の瞬発力が自分のものになっていくはずです。

本書をヒントに、あなたの英語ライフがより素晴らしいものとなることを願っています！

手塚朱羽子

もくじ

●本文デザイン／福田あやはな
●本文イラスト／徳永明子
●構成／中山圭子
●校正／鷗来堂
●DTP／フォレスト
●録音／一般財団法人 英語教育協議会（ELEC）
●英語ナレーション／Karen Haedrich（アメリカ）、Guy Perryman（イギリス）
●日本語ナレーション／水月優希

本書の使い方

本書は以下の2つのパートで構成されています。

Part 1　どんどん話せる英会話3つの鉄則

▶ 英語の発想のコツを学ぶ

Part 2　英語の瞬発力を鍛える実践トレーニング

▶ 5人のキャラクターの日常を題材に、
Part 1で学んだコツを使いこなす練習をする

Part 2では設問ページを見て英語表現を考えてみましょう（音声もぜひご活用ください）。ページをめくると、「モデルアンサー」が3つあります。解説を読んで自分の考えた表現が通じそうかどうか、どういうふうに発想すれば通じるのかを確認してみてください。

❶トラック番号

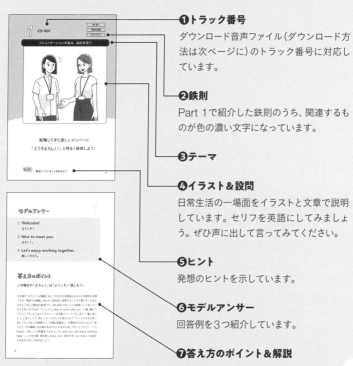

ダウンロード音声ファイル（ダウンロード方法は次ページに）のトラック番号に対応しています。

❷鉄則

Part 1で紹介した鉄則のうち、関連するものが色の濃い文字になっています。

❸テーマ

❹イラスト＆設問

日常生活の一場面をイラストと文章で説明しています。セリフを英語にしてみましょう。ぜひ声に出して言ってみてください。

❺ヒント

発想のヒントを示しています。

❻モデルアンサー

回答例を3つ紹介しています。

❼答え方のポイント＆解説

音声ダウンロードの利用方法

日本語の設問とモデルアンサー（英語のみ）を収録したMP3形式の音声ファイルを、以下のサイトから無料でダウンロードできます。

https://www.kadokawa.co.jp/product/321907000386/

〈ダウンロード方法〉

① パソコンから上記のウェブサイトにアクセスしてください。携帯電話・スマートフォンからはダウンロードできません。

② 書籍の表紙画像の下にある「音声ダウンロード方法」のリンクをクリックし、ポップアップ画面に以下のユーザー名とパスワードを入力してください（ポップアップ画面が出ない場合は、ブラウザが「ポップアップメニューをブロック」する設定になっていないかご確認ください）。

ユーザー名：9784046045485
パスワード：eikaiwatraining

【注意事項】

・スマートフォンに対応した再生方法もご用意しています。詳細は上記URLへアクセスのうえ、ご確認ください（※お使いの機種によってはご利用いただけない場合もございます。あらかじめご了承ください）。
・音声はMP3形式で保存されています。お聴きいただくにはMP3ファイルを再生できる環境が必要です。
・ダウンロードページへのアクセスがうまくいかない場合は、お使いのブラウザが最新であるかどうかご確認ください。また、ダウンロードの前に、パソコンに十分な空き容量があることをお確かめください。
・フォルダは圧縮されています。解凍したうえでご利用ください。
・音声はパソコンでの再生を推奨します。一部ポータブルプレイヤーにはデータを転送できない場合がございます。
・本サービスは予告なく終了する場合がございます。あらかじめご了承ください。

Part 1

どんどん話せる 英会話3つの鉄則

英語でのコミュニケーションをスムーズにするための原則を
「英会話3つの鉄則」として紹介します。
難しい単語を必死になって覚えなくても、
知っている単語で機転を利かせて表現するコツが身につきます。

鉄則1

短く言う
――クイックレスポンスが会話のキモ

✓ 英会話は「1単語」で上等！

英会話で大切なことはいろいろありますが、みなさんにお伝えしたい最重要ポイントは、「ちゃんとした文章にしようと頑張らないこと」。こう言うと必ず聞こえてくるのは、「でも、片言じゃ恥ずかしいし、何より相手に失礼なのでは？」という声です。

もちろん、完璧な英文にできるならそれに越したことはありません。でも、そこに労力を使うよりは「片言でもまず何か言う」ことのほうが大事！　むしろそのほうが「会話」では有利なことも多いのです。海外ドラマなどを見るとわかりますが、ネイティブの英語は短いフレーズだったり１単語だけだったりしますよね。

✓「もういいよ」と立ち去られない会話のコツ

実は、みなさんが思っているよりも大切な英会話のキモがあります。それは、**クイックレスポンス**。英語は「言語化する文化」なので、何も言わないというのは「話すことがありません」と言っているのと同じなんです。よくあるのは、「えーと、○○って言うにはあの構文を使って、前置詞はonだっけ？」と考えているうちに、相手は「話す気がないのだな」と思い、立ち去ってしまうケースです。

英語をそれなりに勉強した人ほど、「きちんと文章にしないと恥ずかしい」「伝わらない」「失礼だ」と思いがちです。でも、沈黙したまま相手を待たせるよりは1単語、それも無理ならWell...やUm...など「考えている」ことを示す音を発するだけでも、「ん？言いたいことがあるのかな」と伝わります。

✓ とにかく何かしら口に出す

どうしても出てこない単語があるときは、その部分だけ日本語で「I went to 映画！」と言ったっていいんです。What's Eiga?「エイガって何？」、Star Wars.「スター・ウォーズだよ」と話しているうちにOh, movie!「ああ、映画のことね！」と相手が言ってくれて話が進むこともあります。思い浮かんだ言葉を口に出して相手を引き留める。それが無理なく会話を続けるコツです。

「伝わった！」という経験は自信になり、英会話のハードルが下がります。結果、話す機会も増え上達も早くなる、という好循環に。英会話は実践してなんぼです。

それに、会話の上手な人というのは意外と自分ではしゃべらないもの。その代わり相手の言葉を使ったキャッチボールが上手です。そんな「短く返して相手にしゃべらせる」などの使えるワザも、この本ではたくさん紹介していきます。

鉄則2

「発想転換」のコツを身につける

――「手持ちの単語」だけでも英語が出てくる

☑ 語彙力がなくても話せる方法って？

「単語や言い回しが出てこなくて会話につまる……」

こんな英会話の悩みは、実は簡単な方法で解決できます。そもそも英語は日本語とは異なる文化背景を持つ言語なので、直訳できないこともあります。ですから、英語を無理に日本語に当てはめようとするより、**「つまりどういうことか」**を手持ちの単語で伝えられると、英会話はグッと楽になるのです。こうした「発想の転換」のコツをつかむと、フレーズを知らなくても焦ることがなくなります。

☑ 「易しい言葉で」&「具体的に」

例えば、ビジネスシーンで登場する「恐縮です」や「社に持ち帰ります」などは、「相手が子どもだったら何て言うかな？」と考えてみてください。

「恐縮です」→「ありがとう」

「社に持ち帰ります」→「ボス（上司）と話します」

「お知恵を拝借できれば」→「アドバイスしてください」

ね、これなら英訳もしやすいでしょう？

また、同じイベントに行っていたのに入れ違いになった相手に、「入れ違いになったね」と言いたいとき。I missed you.と言うのが定番ですが、これを知らなくても「会えなかった」「タイミングが悪かった」と発想を転換できればOK！　**「つまりどういうことか」「具体的にどうしたのか」**が言えれば、伝わる英語になります。

✓ 否定文にしてみる

ほかにも、言いたい英語が出てこないとき、**「反対の意味の英語で否定文にする」**という発想転換の方法もあります。

「月曜日なら空いています」と言うとき、available「手が空いている」はなかなか高度です。freeもとっさに出てこない、でも逆の意味のbusy「忙しい」ならわかる。だったら、それを否定文にして、I'm not busy on Monday.と言えばいいんです。

「え、こんなカンタンでいいの!?」と驚かれることが多いのですが、ネイティブの話している英語は案外シンプルです。それに英語は世界の共通言語。英語が母国語でない人にも伝わる易しい英語を話せるほうが、ビジネスでもプライベートでもダンゼン有利です。場面によっては、難しい単語や言い回しを使うよりもずっとスマートな印象にもなります。

いろんな角度からとらえて表現する「発想転換」、たくさんのシーンにふれてコツをつかんでくださいね！

鉄則3

少しのプラスアルファを心がける
——ペラペラ会話が続くコツ

✓ 英会話では「雑談はマナー」

休み明けのオフィスで、How was your holiday?「休日はどうだった？」の挨拶からひとしきり会話が弾む、というのは英語圏ではよく見かけるシーンです。海外から来た上司や同僚のこうしたやりとりを目にする人も少なくないでしょう。日本人の感覚では雑談しすぎのようにも感じますが、これが彼らのスタンダード。雑談は「あなたとうまくやっていきたい」という意思表示であり、一種のマナーです。逆に言えば、「聞かれたことに答えるだけ」だと「交流する気がないんだな」と思われて損をすることもあるのです。

✓ 「感想」と「質問」で会話は続く

でも、雑談をプレッシャーに感じる必要はありません。大切なのは内容よりも、話そうとする姿勢です。話すことがなければ、相手に話してもらえばいいんです。そこで心がけたいのが、**相手の言葉に対して、ちょっとした「感想」や「質問」などをプラスアルファすることです。**

A：How was your weekend?「週末はどうだった？」

B：Good. You?「よかったよ。君は？」
A：I went to a movie.「映画に行ったよ」
B：Oh, did you?「へぇ、そうなんだ！」
A：Yeah, I saw Star Wars. It's so exciting....「スター・ウォーズを見たんだけど、これがハラハラものでさ……」
B：Wow! Sounds great!「お～！　そりゃ、いいね！」

どれも短い受け答えですが、これだけで十分「あなたとの会話（交流）を楽しんでますよ」というメッセージになります。

✓ リアクション＆簡単な短文でも、相手には「情報」

あなた自身の感情もプラスアルファ情報です。ですから、リアクションは大げさに。相手の話に興味を持っていると伝えることになります。平坦なイントネーションでGreat.やExcellent.と言うと、感情が伝わらなかったり皮肉と受け取られたりすることもあるので、英語を話すときは「テンション高め」くらいで日本人にはちょうどいいのです。

会話のキャッチボールに慣れてきたら、プラスする情報を増やしてみましょう。これも、シンプルな短文でOK！　温泉の話題が出たら、「箱根はいい」「美しい湖がある」「富士山が見える」などと言ってみるのです。どれも相手にはうれしい情報で話も盛り上がるでしょう。本書にはそんなシンプルな英語を使った「会話が続くプラスアルファ」の見本をたくさん載せていますので、ぜひ参考にしてください。

Part 2

英語の瞬発力を鍛える実践トレーニング

いよいよ実際のトレーニングに入ります。
18のテーマで100の設問を用意しました。
Part 1で学んだ知識を活用して、
設問の日本語をシンプルな英語で表現してみましょう。
解説ページでは、通じる英語のコツを説明しています。

登場人物紹介

翔太 ● 21歳・大学生

アメリカに留学中の大学生で、大学の学生寮に住んでいる。学内のボランティアグループに参加して活動中。好奇心旺盛だが、少々おっちょこちょい。

里奈 ● 27歳・会社員

学生時代からの夢をかなえて、グローバル企業のシンガポールオフィスで働く会社員。趣味はカフェめぐり、ストレス解消法は女友達とのガールズトーク。

亮 ● 35歳・個人事業主

ヨーロッパの雑貨を輸入販売するECショップを運営している。住まいはシェアハウスで、外国人の同居人が多い。いつも穏やかでマイペース。

智子 ● 48歳・パート

コンビニエンスストアでパートをしている主婦。外国人の同僚が多いので、英会話の練習を兼ねて英語でのコミュニケーションに挑戦している。

由美子 ● 58歳・主婦

東京都内にて夫と二人暮らし。若いころに夫の海外駐在のため海外で暮らした経験を活かし、英語ボランティアガイドの活動を行っている。世話好き。

短く言う

発想の転換

プラスアルファ

1 001

コミュニケーションの基本、挨拶表現①

転職してきた新しいメンバーに

「どうぞよろしく！」と明るく挨拶しよう！

ヒント 「歓迎」していることを伝えよう

モデルアンサー

1

① **Welcome!**

ようこそ！

② **Nice to meet you.**

よろしく。

③ **Let's enjoy working together.**

楽しくやろう。

答え方のポイント

この場合の「よろしく」は「ようこそ」「楽しもう」

日本語の「よろしく」は場面に応じてさまざまな意味を込められる便利な言葉ですが、英語では場面に合わせて具体的に表現することが大事です。①はみなさんご存じの歓迎の表現です。②も初めて会う人との挨拶として知っている人も多いのではないでしょうか。Nice to work with you.「一緒に働けてうれしいです」などはビジネスシーンの定番フレーズです。③も「一緒に楽しもう」と言うことで、新しくやってきた人を迎え入れてリラックスさせる言い回しです。日本人の感覚だと、「仕事は真面目に一生懸命するもの」なので「楽しもう」では場違いな印象があるかもしれませんね。でも、ビジネスシーンでEnjoy! と言っても問題ありません。I'm sure you can enjoy working here.「ここでの仕事、絶対楽しめるよ」など、相手が早くなじめるような前向きな声かけをしてあげましょう。

2 002

短く言う
発想の転換
プラスアルファ

コミュニケーションの基本、挨拶表現②

シェアハウスのラウンジで顔を合わせたメンバーに

「いい天気だね」と声をかけよう！

ヒント　いい天気って、具体的にはどんな天気？

モデルアンサー 2

① **Sunny day!**
晴れた日だね！

② **It's a nice day today!**
今日はいい日だね！

③ **Lovely day, isn't it?**
今日はいい日だよね。

答え方のポイント

要は、「晴れた」「いい日」

「いい天気」を直訳して、Good weather. と言っても間違いではありませんが、①のSunny day! の一言で十分、かつ自然です。短く言うことでテンポもよく快活な印象になります。要は「晴れて気持ちのいい日だね」という挨拶ですから、「晴れている」と具体的に言ってもいいし、②のようにnice dayやfine dayなど「いい日」と表現してもOK。ただし、good dayだと「いいことがあった日」となり、意味合いが変わります。モデルアンサーのようにIt'sやtodayを略さずに言えば、きちんとしたときにも使えます。itは天候などを表現するときに主語として使います。省略されることも多いのですが、③のように「〜ですよね？」と同意や確認を求める付加疑問文にしたとき、文末に〜, isn't it? という形で登場します。こうするとやわらかい表現になります。ちなみに、女性的に思われるlovelyという形容詞ですが、イギリスでは男性もよく使います。

短く言う

発想の転換

プラスアルファ

3 003

コミュニケーションの基本、挨拶表現③

声をかけた相手に、How are you? と尋ねられた。

「相変わらずだよ」と答えてみよう！

ヒント 「変わらない」とはつまり？

モデルアンサー

3

① **Same as usual.**
相変わらずだよ。

② **As always.**
いつもと変わらずだよ。

③ **Nothing new.**
変わりないよ。

答え方のポイント

「いつもと同じ」で正解

挨拶の定番、How are you? には、Fine, thank you. で返すと学校で習いましたよね。でも、「ホントはfineってわけでもないんだけど……」と思いながら答えている人もいるのではないでしょうか。そんなときに便利なのが日本語でもよく使われる「相変わらずだよ」という答え方です。英語にも同様の返事があるのです。「変わりない」ということは、要するに「いつもと同じ」。そのままの意味で①や②のような決まり文句になっています。③も「新しいことは何もない」とシンプルですね。そもそも、How are you? は、人に会ったときに条件反射のように発する「やあ」や「おう」といった挨拶でもあります。ですから、場合によっては、Fine. とも何とも答えず、「いやぁ、彼女をデートに誘ったんだけどさ……」と話し始めたり、人によってはHow are you? とそのまま返してきたり、ということもしばしば。スルーされてもあまり気にしなくてOKです。

短く言う

発想の転換

プラスアルファ

4 004

コミュニケーションの基本、挨拶表現④

仕事のプロジェクトが無事終了し、チームが解散する。

メンバーに「ご一緒できてよかったです！」と

言ってみよう！

ヒント 「何を」ご一緒したのか伝えるのを忘れずに

モデルアンサー 4

① **Great working with you.**
一緒に働けてよかったです。

② **I enjoyed working with you.**
一緒に働けて楽しかったです。

③ **We were a great team!**
私たちは素晴らしいチームでした！

答え方のポイント

「あなたと」「仕事を」してよかったと伝える

覚えておくと便利なビジネスでの超定番フレーズが①と②です。日本語では省略しがちな「何を」ご一緒したのかを言語化するのがキモ。①のgreatはniceに変えた言い方もよくします。Great/Nice -ing.は「〜できてよかった」という意味で、人と別れるときに言うNice talking with you.「お話できてよかったです」と同じ構文です。③はお互いを称え合う定番フレーズで、チームワークの成果を表現した欧米らしい発想の言い回しです。もしも、workやenjoyが出てこなかったり、「working だっけ、to workだっけ？」なんて迷ったりしても、こう言えば一緒に仕事をしたことを喜ぶ気持ちは十分に伝わります。このほか、正確に言い表すならI'm glad we could work together.という言い方も。couldが入ることで「できた」ことを喜ぶ意味合いがきちんと伝わります。

5 005

短く言う

発想の転換

プラスアルファ

コミュニケーションの基本、挨拶表現⑤

ガイドとして1日一緒に過ごした観光客と、

ここでお別れ。

「旅行、楽しんでね」と声をかけよう！

ヒント 「楽しむ」を表すときの定番の単語は？

モデルアンサー

5

① **Enjoy!**
楽しんでね！

② **Enjoy your stay.**
滞在、楽しんでね。

③ **Have a nice trip.**
よいご旅行を。

答え方のポイント

Enjoyをどんどん使おう

Enjoy!「楽しんでね！」は①のように1語でOKです。簡単なのにこなれた印象で、ポジティブな言葉ですから、どんどん使いましょう。②は旅行で訪れた人への定番フレーズ。your stayの代わりに観光スポットや食べ物の名前を入れて、Enjoy Asakusa!「浅草、楽しんでね！」やEnjoy tempura!「天ぷら、楽しんで（味わって）！」といった具合に、いろいろな使い方ができます。③のように、「楽しんで」の代わりに「よいご旅行を」と言ってもよいでしょう。「旅行」はtripのほかにtravelを使ってもいいですし、観光で来ているとわかり切っている相手ですから、わざわざ旅行と言わず、Have a nice day!「よい1日を！」と言ってもOKです。Have a nice dinner!「楽しい夕食を！」のようなバリエーションもあります。

短く言う

発想の転換

プラスアルファ

6 006

コミュニケーションの基本、挨拶表現⑥

クライアントに同僚を紹介する。

「この商品は彼が担当しています」と

伝えよう！

ヒント 担当者なら、詳しいはず

モデルアンサー

6

① **He knows best.**
彼が一番よく知っています。

② **He has information about it.**
彼が情報を持っています。

③ **He handles it.**
彼が扱っています。

答え方のポイント

「担当」＝「一番よく知っている」で伝わる

ビジネス英語で頻出のフレーズに、He is in charge of this product. があります。ただ、こちらの表現は「責任者」という意味もあるため、いち担当者の場合でこれを使うと、誤解される可能性があるので注意が必要です。「担当」＝「一番よく知っている」と考え、①のように言えば広い意味で「そのことについて相談できる人」だとわかります。同じ意味合いで②のように表現してもいいでしょう。具体的に何を担当しているか伝える場合、例えばプリンターの販売ならHe sells printers.「彼はプリンターを売っています＝プリンター担当です」、語学学校の先生ならHe teaches French.「フランス語担当です」などと言えばOKです。「担当」＝「扱っている」と考えて、ビジネス英語の定番、③の表現もあります。deal with ～ も同様に使えますが、handleなら1語でOK、前置詞にも迷いませんね。

7 007

短く言う

発想の転換

プラスアルファ

気持ちを伝えるリアクション&感情表現①

今日のクラスでの発表はキミだよと言われたが、

そんなの聞いてない。「うそ！」と言ってみよう！

ヒント 「うそ」の直訳に注意

モデルアンサー

7

① **Really?**
本当？

② **Are you sure?**
確かなの？

③ **No kidding!**
冗談でしょ？

答え方のポイント

言いたいのは「ホント？」ということ

日本語の「うそ！」を直訳してLie! と言ってしまうと、確認というより「うそだ！」という意味になってしまうので不自然です。「本当に？」と確認する①は使用頻度No.1なので、知っている人も多いでしょう。②も同様に確認する言い方で、Sure? だけでも十分伝わります。同じ意味合いでSeriously?「マジで？」も使えます。③は予想外のことを言われてびっくりしたときの定番の慣用句。同じ意味のAre you kidding? やNo joking! を聞いたことのある人もいるでしょう。そのほか、Nobody told me.「だれも教えてくれなかったよ」、I wasn't told.「僕は言われてなかった」など、「知らなかった」という事実を伝えても、びっくりしてあわてていることは伝わります。①～③のあとにつけ加えてもいいですね。いろいろ組み合わせて使えば、Really? 連発のワンパターンからの脱却にも役立ちます。

短く言う

発想の転換

プラスアルファ

8 008

気持ちを伝えるリアクション&感情表現②

上司から急な仕事を振られたと愚痴を言う同僚。

同情しつつ「まあ、よくあるよね」と言ってみよう！

ヒント 「ある」は There is ～. ではなく「起こる」ということ

モデルアンサー 8

① **It often happens.**
そういうこと、よく起こるよね。

② **Not unusual.**
めずらしくないよね。

③ **I'm not surprised.**
驚かないなあ。

答え方のポイント

「よくある」とはつまり、「よく起こる」

「ある」と聞いてThere is 〜.「〜がある(存在する)」が浮かぶ人もいるでしょう。でも、この場合の「ある」は「起こる」ということです。①は直訳すると「それはしばしば起こる」ですが、これは「よくあることだ」という慣用句です。「今起こっているのなら、It is happening. ではないの?」と思った人、いいところに気づきましたね。そう、現在形になっているのがポイントです。現在形は一般的な事実や習慣などを表すので、「上司に急な仕事を頼まれる」という事態(It)は「いつものことだ」と端的に表現できるのです。②は、あえてunusual「いつもではない」をnotで否定して、「まれなことではない」つまり「よくある」とする少々まわりくどい表現。日本語でも言外に何かしらのニュアンスを含ませたいときにこんな表現をしますね。英語も同じです。③は、「驚かない」ということで、よく目の当たりにしていることが伝わる言い方です。

9 🔈 009

短く言う

発想の転換

プラスアルファ

気持ちを伝えるリアクション&感情表現③

アカデミー賞の発表。だれが賞を取るんだろう？

「ドキドキするなあ！」と言ってみよう！

ヒント カタカナ語にもなっている、あの単語

モデルアンサー

9

① **Exciting!**

ドキドキ！

② **I'm excited!**

ワクワクするなあ！

③ **I can't wait!**

待てないよ！

答え方のポイント

ドキドキするのが「人」なら -ed、「こと（状況）」なら -ing

ドキドキ、ワクワクといった表現にはexciteが使えますが、この場合、「ドキドキの状況だ」と「私はドキドキする」の2つの視点から表現できます。①はIt's exciting! の頭のIt'sが省略された形で「ドキドキする授賞の場」を表現。②はI'mと主語を「私」にしてexcitedと過去分詞にすることで、「私はドキドキしている」と感情を表現します。ほかに、Thrilling! やI'm thrilled! なども同じ意味で使えます。I'm nervous!「緊張する～！」と言ってもいいですね。ちなみに、I'm exciting! というと「私はワクワクする（刺激的な性格の）人間だ！」と、違う意味になりますのでご注意を。感情は〈I'm -ed（過去分詞）〉で表現する、と覚えましょう。③は、「（発表が）待ちきれない！」という、何かを心待ちにしているときの定番フレーズ。Who's going to get it?「だれが受賞するのかな？」などと続けられると、会話も弾みますね。

10 010

短く言う
発想の転換
プラスアルファ

気持ちを伝えるリアクション＆感情表現④

アカデミー賞が発表されたが、予想外の受賞者。

残念な気持ちを込めて

「そんな〜！」と言ってみよう！

ヒント 英語のネガティブリアクションのダントツ１位は……

モデルアンサー 10

① **Oh, no!**
うそ～！

② **Oh, dear!**
えーっ!?

③ **Shocking!**
ショック！

答え方のポイント

シンプルにNo!と否定する

ネガティブなニュースを聞いたときのリアクションですから、その状況にNo! という気持ちが素直に出た①がシンプルかつ定番の表現です。慣れれば条件反射で出てくるでしょう。ちなみに、期待していた通りのうれしい結果のときは、Oh, yes! とこちらもシンプルです。②は想定外のことに出合ったときの「あららら……」といった感嘆を表す英語で、日本語の「えーっ!?」などと同じです。③はIt'sを省略して「ショック（な状況）！」と表現したもの。I'm shocked! と自分の感情を表現してもOKです。そのほか、Unbelievable!「信じられない！」とも言えます。文の形でI can't believe it! などとしてもいいですね。さらには、Him?「彼が？」または、Her?「彼女が？」などと言えば、「その人が受賞するなんて想定外だ」という驚きの気持ちがしっかり伝わります。

短く言う

発想の転換

プラスアルファ

11 011

気持ちを伝えるリアクション&感情表現⑤

食事の約束をしていたパート仲間。

急用ができて、行けなくなったと言っている。

「それは残念ね」と声をかけよう！

ヒント 「悪い」知らせだから「残念」と考える

モデルアンサー

11

① **Too bad.**
残念ね。

② **That's a pity.**
それは残念。

③ **I'm sorry to hear that.**
それは残念ですね。

答え方のポイント

「残念」＝「悪いこと」、で OK!

pity「残念」という英語が思い浮かばなくても、①の表現で伝わります。直訳すると「悪すぎる」ですが、この意味で使われることはほぼなく、「残念だ」という意味になります。That's が省略されている自然な言い回しです。「～すぎる」の too をつけるのが定番で、残念がっているニュアンスが加わります。②はWhat a pity!「残念だなあ！」と感嘆文にした形でもよく使われ、残念な気持ちをより強調できます。③は相手の不運に同情の意を表す定番の表現。Sorry. やSo sorry. だけでも伝わります。I'm sorry. は謝罪の「ごめんなさい」として定着していますが、「気の毒に思う」「残念に思う」の意味で使われることも同じくらいあります。いずれのフレーズも、続けてMaybe next time.「次は行こうね」などと言えば、明るい印象で会話を締めくくれます。

短く言う

発想の転換

プラスアルファ

12 O12

気持ちを伝えるリアクション&感情表現⑥

同僚から仕事の進捗を尋ねられた。

自信を持って「いい感じ」と答えよう!

ヒント 要するに「うまくいっている」「問題ない」ということ

モデルアンサー 12

① **Fine.**
大丈夫。

② **No problem.**
問題ないよ。

③ **Perfect.**
カンペキ。

答え方のポイント

「問題ない」と言い切る

①や②の表現でシンプルに「大丈夫」「問題ない」と伝えましょう。日本人の習慣で、つい謙遜して「今のところ大丈夫です」と答えたくなってしまう人もいるかもしれません。でも、もしそう答えたら相手は「自信がないのかな」「何か不安があるのかな」と心配してしまいます。謙遜の文化があまりない欧米では、自信の欠落は評価を下げること。順調ならばそう言い切りましょう。③のPerfect.もよく使う言い回しで、「全然問題ないから大丈夫！」と相手を安心させる表現。より信頼度が高くなります。日本語の「パーフェクト」はハードルが高く大げさに感じられますが、大げさなくらいで大丈夫です。逆に気をつけたいのは、OK.やAll right.という答え。こちらは、言い方にもよりますが100%とは言えない「まあまあ」な状態です。相手を「え、大丈夫？」と不安にさせて、進捗について根掘り葉掘り聞かれることになるかもしれません。

13 O13

短く言う

発想の転換

プラスアルファ

気持ちを伝えるリアクション&感情表現⑦

うっかりポカミスをやらかした。

自分はなんてバカなんだ！

「やらかした！」と叫んでみよう。

ヒント 「バカ」なことをした自分を嘆いてみよう

モデルアンサー 13

① **Silly me!**

バカな自分！

② **Stupid of me!**

なんて自分はアホなんだ！

③ **I hate myself.**

もう、自分がイヤだ。

答え方のポイント

そのまま「バカな自分！」「自分がキライ！」

不注意のミスなど、ありえないポカをしたときに自分を責めるなら、そのまま「自分ってバカ！」「自分がイヤになる！」と言えばOK。①は「愚かな」「バカな」という意味の形容詞sillyを使った口語的な自虐フレーズです。I'm silly. というのが通常の文の形ですが、Silly me! は必要な言葉だけ並べたくだけた表現で、「オレ（私）ってバカだ」と独り言のように使います。②のstupidもsillyと同様の意味ですが、こちらは文法にも適った言い回しです。〈形容詞＋of＋人〉で人の性質を表す、というのを思い出した人もいるかもしれませんね。(That's) kind of you.「親切な人ね」と同じ構文です。「やらかした自分がイヤ」と解釈して、③のフレーズもアリです。ポイントは、I hate me. ではなくmyself「私自身」となるところ。どのフレーズにも、I should be more careful.「（次回は）もっと気をつけます」とつけ加えれば、職場でも使えます。

短く言う

発想の転換

プラスアルファ

14 014

気持ちを伝えるリアクション&感情表現⑧

ためになるセミナーを受講した。

「有意義だったね」と感想を述べてみよう!

ヒント 「有意義」をシンプルに言うと?

モデルアンサー 14

① **Great seminar.**
素晴らしいセミナーだったね。

② **It was very useful.**
すごく役に立ったね。

③ **I learned a lot.**
たくさん学んだよ。

答え方のポイント

「有意義」=「素晴らしい」「役に立つ」で十分

日本語でも「有意義な」はよく使う言葉ですが、英語ではmeaningfulがそれにあたり、ほかにはproductive「実りの多い、有効な、生産的な」なども同様の場面で使える単語です。さりげなく使えれば知的な印象になります。とはいえ、それにこだわって「ええっと、『有意義』は確か……」なんて思い出すのに時間をかけてモゴモゴしてしまうくらいなら、①のようなシンプルな言い回しをサッと使えたほうが断然スマートです。また「役に立った」と考えて②のような言い方もできますね。③も情報満載で有意義だったと伝わります。It had a lot of information.「情報が盛りだくさんだった」という表現もできます。ちなみに、「情報満載な」はinformativeという形容詞で表せます。Thank you for your informative presentation.「情報満載のプレゼンをありがとう」のような使い方ができます。

15 🔊 015

短く言う

発想の転換

プラスアルファ

気持ちを伝えるリアクション&感情表現⑨

レポートをなんとか提出できた。

「間に合ったね」と話しかけてきた友人に

「余裕だったよ」と強気に答えよう！

ヒント　つまり「難しくなかった」ということ

モデルアンサー 15

① **It was easy.**
簡単だったよ。

② **It was nothing.**
何てことなかったさ。

③ **Piece of cake!**
楽勝だったよ！

答え方のポイント

「余裕だった」＝「簡単だった」「何でもなかった」と考える

「余裕だった」＝「簡単だった」「何でもなかった」と考えれば、それこそ余裕なのでは？　①ならすぐ出てきそうですね。Very easy! と言えば「超楽勝！」という感じになります。否定文にして、It wasn't difficult.「難しくなかった」と言っても同じです。nothingには、「どうでもいいこと、無価値なこと」という意味があるので、②は「何てことない、たいしたことない」というニュアンスが伝わる自信満々の返し方。実際は四苦八苦の末なんとか間に合った……なんて場合でも、虚勢を張ってこう言えば、心配してくれた相手を和ませられるかもしれません。③のPiece of cake! は、こんなときにぴったりの定番フレーズ。日本語でいうところの「朝飯前」という表現です。直訳すると「一切れのケーキ」。すぐにペロッと食べてしまえるくらい簡単だ、ということです。ユニークな表現ですね。フルセンテンスは、It was a piece of cake. ですが、省略形で十分。軽快に言ってみてください。

短く言う

発想の転換

プラスアルファ

16 O16

相手に寄り添う気づかい表現①

仕事でミスをして落ち込むパート仲間。

「気持ち、わかるよ」と励まそう！

ヒント 「わかる」を簡単に表現すると？

モデルアンサー 16

① **I understand.**
わかるよ。

② **I know the feeling.**
気持ち、わかるよ。

③ **I know how you feel.**
気持ちはわかるよ。

答え方のポイント

「気持ち」を「理解している」と伝える

共感するのですから、「理解している」「知っている」と伝えればOKです。understandも knowも「わかってるよ」という意味がありますから、一番簡単なのは①。I know. もよく使われます。相手が愚痴をこぼしたときなどは、初めにYes, と答えてから続けると、「そうだよね」と受け止めるニュアンスが加わります。「アイ、ノォ〜」と語尾を高く長く伸ばして言うと、「よくわかるよ〜」と相手に寄り添う気持ちをより強く表現できます。そのあとに、Cheer up.「元気出して」、Never mind.「気にしないで」と励ましの一言を加えても良いでしょう。②と③はknow のあとに「何を」にあたる「その気持ち」をきちんと言うのがポイントです。「フィーリング」は日本語にもなっているので、思い浮かんだ人も多いかもしれませんね。

17 🔊 017

短く言う

発想の転換

プラスアルファ

相手に寄り添う気づかい表現②

シェアハウスの友人が料理をふるまってくれた。
「大変だったでしょ」とねぎらいの声をかけよう！

ヒント workを使って表現してみよう

モデルアンサー　17

① **You worked a lot.**
たくさん働いたね。

② **It was a lot of work.**
やること多かったよね。

③ **Thanks for the hard work.**
頑張ってくれてありがとう。

答え方のポイント

「大変」=「たくさん働いたこと」

「大変だったね」も「お疲れさま」と同じく便利な日本語ですが、こちらも英語にするときは「何」が大変なのか、言語化が必要なフレーズです。英語の発想に切り替えて、相手の行為を具体的に言葉にしましょう。①②③のどれも、「あなたがたくさん働いたことを知っていますよ」と伝えることで、ねぎらいを表しているわけです。workという単語を使っていますが、ビジネスはもちろん、家庭や学校などさまざまなシーンのあらゆる働きに対して使えるフレーズ。ぜひ、場面に応じたプラスアルファのフレーズも考えてみましょう。You are a great chef!「素晴らしいシェフだ！」、You made perfect documents!「カンペキな書類だ！」など、具体的に料理の腕や資料の出来に言及すれば称賛の意も伝わります。汎用性のあるYou are genius!「天才！」もいいですね。You can relax now.「もうゆっくりしていいよ」の一言も忘れずに。

18 018

短く言う
発想の転換
プラスアルファ

相手に寄り添う気づかい表現③

ガイドをする観光客が待ち合わせに

1時間遅れてきて恐縮している。

「大丈夫ですよ」と安心させよう！

ヒント OK. だと余計気にしてしまうかも……

モデルアンサー 18

① **Don't worry!**

心配しないで！

② **Never mind!**

気にしないで！

③ **Forget it!**

忘れて！

答え方のポイント

「気にしなくていい」と言ってあげる

私たちにはおなじみの「大丈夫！」も、いざ英語にしようと思うとそのあいまいさに戸惑う言葉です。場面によってさまざまな英語にできますが、ここでは申し訳なさそうにしている人を励ますのですから、「心配しないで！」「気にしないで！」と言ってあげましょう。ちなみに「ドンマイ」は和製英語。I don't mind 〜.「〜しても私は大丈夫（気にしません）」という使い方はできますが、人に「気にしないで」と言うときは、don't は使わず②のようにNever mind. と言います。日本語でも「大丈夫。忘れて！」などと言いますが、③はまさにあの感じです。サラッと言える便利なひと言です。ほかにも、I did the same before.「私も前にやったのよ」やNot only you.「あなただけじゃないって」、It happens to anyone.「だれにでもあることよ」、Nobody is perfect.「完璧な人なんていないよ」などさまざまな励まし方ができます。人を笑顔にできる言葉は日本語と同じですね。

19 🔈019

短く言う
発想の転換
プラスアルファ

相手に寄り添う気づかい表現④

フットサルの試合に負けてしまった。

自分のミスを責めるメンバーに

「君のせいじゃないよ」と声をかけよう！

ヒント　ほめて慰める言い方もアリ

モデルアンサー 19

① **Never mind.**
気にしないで。

② **Not your fault.**
あなたのせいじゃない。

③ **You did well.**
よくやったよ。

答え方のポイント

「気にしないで」は慰めにも最適

落ち込んでいる相手への慰めの言葉として①の「気にしないで」は万能フレーズ。プライベートからビジネスまでいろいろなシーンで使えます。「自分の失敗で迷惑をかけた……」と落ち込む相手への言い回しなら②が定番です。faultには「責任」や「過失」の意味があるため、「あなたの責任じゃない」と労る言葉になります。同じ意味合いで、Nobody's fault.「だれの責任でもない」という言い方もあります。また、③は失敗しても前向きにとらえる欧米流のポジティブな表現。wellをbestに変えてもいいですし、We tried our best!「みんなベストを尽くしたよ！」というのもよく使います。ちなみに欧米では、スポーツやビジネスの場で、対戦や交渉の相手と自分たちを区別せずにweと表現することがよくあります。敵対する相手であっても、互いに尊重し合い利益を共有できるよう努める「フェア精神」が文化的背景にあるからでしょう。

20 020

短く言う

発想の転換

プラスアルファ

相手に寄り添う気づかい表現⑤

いつも以上に忙しそうな同僚。

「あまり無理しないでね」と

声をかけよう！

ヒント 息抜きを提案してみよう

モデルアンサー 20

① **Relax!**
気楽にね！

② **Have a break.**
休憩してね。

③ **Take it easy.**
無理しないでね。

答え方のポイント

「無理しないで」=「休もう」と考える

「無理」と聞いてimpossibleが浮かんだら、ちょっと残念。これは「不可能」という意味になり、場面に合いません。ここで伝えたいのは「気楽にね」「休憩してね」ということですね。①は日本語でも「肩の力を抜いて」という意味で「リラックスして」と言いますが、英語でも同じ使い方をします。「のんびりする」「ダラダラする」「ゴロゴロする」といったイメージもすべてカバーできる便利な表現です。②のように「休憩して」とも言えます。お菓子のキャッチコピーにもなっているので、ご存じの方も多いのでは？　③は「無理しないで」と言いたいときの定番フレーズ。この場合のeasyは「気楽に」という意味。②や③は命令文ですが、相手の利益になることは、命令文で言ってもキツいニュアンスにならないのでご安心ください。ほかにも、Take a rest.「休憩しなよ」、Don't work too hard.「働きすぎないで」なども通じます。

外国人とのコミュニケーションに必須！英語力「以外」の英語のコツとは？

「英語さえできれば、外国人とコミュニケーションできる！」と多くの人は思っていることでしょう。もちろんある程度の語学力は必要です。でも、それと同様、またはそれ以上と言ってもいいくらいコミュニケーションに役立つ、英語力「以外」の英語のコツがあります。何だと思いますか？

それは、「日本人モードをオフにする」ということです。これを意識し実践することで、より効果的にコミュニケーションできます。

「日本人モードをオフにする」とはつまり、日本人的な振る舞いはしない、むしろ反対のことをするということです。例えば、①会話の際には、しっかりとアイコンタクトをすること。「なんだ、そんなこと？」と思うかもしれませんが、日本人は相手の目を凝視することは失礼だと考え、しっかりしたアイコンタクトを避ける傾向があります。しかし外国人には、アイコンタクトをしない＝自信の欠如、ととられることが多く、話の内容を信用してもらえない場合さえあります。アイコンタクトが、とても重要なコミュニケーションツールなのですね。これができるようになると、不思議なことに、自分の英語にも自信が持てるようになります。

次に、②大きな声で滑舌よく話し、堂々とふるまうこと。これも日本文化とは逆のスタイルですね。英語に自信がないと、つい小声でモゴモゴと話し、腰が低い感じになってしまいますが、これでは対等なコミュニケーションはとれません。たとえ単語1つでも、はっきりと大きな声で発音し、理解してもらおうと努力することが大切です。ミスをするから恥ずかしいのではなく、恥ずかしいと思うから、不要なミスを犯すのです。外国語で話そうとしているあなたは、それだけでスゴイのです。自信を持ちましょう！

最後に、③イントネーションを意識し感情を上手に表すこと。日本語には音の高低はありますが（「雨」と「飴」など）、英語のような強弱がないため、全体的にフラットです。日本語と同じ調子で英語を話すと、通じにくいだけでなく、相手の話に興味がないかのように聞こえます。例えば、I'm so happy.「とても幸せです」は、「アイム・ソー・ハッピー」ではなく、「アイム・ソォオーー・ハッピー！」のように言いましょう。「ソォオーー」のところを高く・長く・強く発音することで、生き生きとした感情表現ができるというわけですね。日本の文化では、人前で感情をあらわにすることは幼稚だと考えるため、つい抑えた表現をしがちですが、外国人とのコミュニケーションではその逆をいきましょう！

抑揚だけでなく、顔の表情を工夫しジェスチャーなども交えて、相手と喜怒哀楽をシェアすることも大切なコミュニケーションです。

言語をとりまく背景や文化を意識することで、よりしなやかに、効果的にコミュニケーションをはかれること間違いなしです。

Be confident!（自信を持って！）

Go next...

21 O21

短く言う

発想の転換

プラスアルファ

相手に寄り添う気づかい表現⑥

なんだか具合が悪そうなパート仲間。

聞くと風邪をひいているらしい。

「お大事にね」と声をかけよう！

ヒント 体調を気づかうときの声かけは？

モデルアンサー 21

① **Take care of yourself.**
お大事にね。

② **Have a good rest.**
ゆっくり休んで。

③ **Hope you feel better soon.**
早くよくなるといいね。

答え方のポイント

「お大事にね」→「よく休んでね」でOK

「お大事に」の定番表現、Get well soon.「早くよくなってね」が浮かんだ人もいるかもしれません。病気やケガをした人に対してよく使うフレーズですが、この場面のように体調を崩しながらも普段通りに活動している相手には、別の言い方のほうがしっくりきます。①はズバリ「お大事にね」の定番フレーズ。③もよく使われます。海外ドラマなどで耳にした人もいるのではないでしょうか。お決まりのフレーズを知らなくても、不調を気づかっていることが伝えられれば何でもOK！　日本語と同様、②のように休養を勧める言い方もできます。もっと直接的にYou should go home.「帰りなよ（帰って休みなよ）」、Go home and rest.「帰って休みなよ」と言うのもいいですね。レポートで徹夜して寝不足の相手には、Sleep well.「よく寝なよ」、風邪気味ならKeep warm.「温かくしてね」など相手の様子に合わせて言えると好印象です。

22

🔈 022

短く言う
発想の転換
フラスアルファ

相手に寄り添う気づかい表現⑦

同じ寮の友人と出かける約束をした。
迎えに行ったらまだ準備中だったので
「ゆっくりでいいよ」と声をかけよう！

ヒント 「ゆっくり」を直訳してはダメ

モデルアンサー 22

① **Don't hurry.**
急がなくていいよ。

② **You don't need to rush.**
あせらなくていいよ。

③ **Take your time.**
ゆっくりやってね。

答え方のポイント

「急がなくていい」と言ってあげよう

急いでいる相手を気づかって言う「ゆっくりでいいよ」は、直訳してDo it slowly. などと言ってしまうと「(あえて)ゆっくりやってほしい」という意味になってしまいます。ここでは、「あわてなくていいよ」と伝えたいので、①のように「急がなくていい」と言えばOKです。hurry「急ぐ」の否定の命令文ですが、「急ぐな」ではなく、「大丈夫。あわてないで」というニュアンスです。No hurry. という言い方もあります。②はdon't need to 〜で「〜する必要はない」という表現。rush「急ぐ」は、hurryよりもあわただしさを感じさせる単語です。rush hour「ラッシュアワー」は日本語としても定着していますね。こちらもNo need to rush. というシンプルな表現でもOK。③はこういう場面での定番表現です。このtakeは「(時間を)かける」。つまり直訳すると「時間をかけていいよ」ということ。あたふたしているときにこう言ってもらえたらホッとしますね。

23 023

短く言う
発想の転換
プラスアルファ

相手に寄り添う気づかい表現⑧

お客さんから理不尽なクレームがあった。
顔を真っ赤にして怒っているパート仲間に
「まあまあ落ち着いて」と声をかけよう！

ヒント 気持ちを静めて、という表現を考えてみよう

モデルアンサー 23

① **Don't get angry.**
怒らないで。

② **Relax.**
落ち着いて。

③ **Calm down.**
落ち着いて。

答え方のポイント

シンプルに「怒らないで」でOK!

感情が高ぶっている相手に対して、「落ち着きなよ」と言うときの定番は③。calmは「静める、なだめる」で、そこにdown「下へ」がつくことにより、気持ちの高ぶりを抑えようと伝えることになります。同じような意味で、Cool down.「冷静になりなよ」も使えます。これらのフレーズが出てきた人は、なかなか英語に親しんでいるようですね！　でも、定番表現が出てこなくても大丈夫。①のように率直に「怒らないで」と言っても、「落ち着いて」ということは十分伝わります。getの代わりにbeを使って、Don't be angry. と言うこともできます。また、「肩の力を抜く」という意味合いの②のRelax.はこういうシーンで使えば「怒りをゆるめる」ニュアンスになります。けんかしている人たちに向かって、Hey, relax!「ちょっと、落ち着いて！」と割って入るときにも使えます。ほかにTake it easy.「気楽にね」や、それを省略したEasy!の一言でもOKです。

24 🔊 024

短く言う
発想の転換
プラスアルファ

話題を変える、切り替え表現①

友人との会話中、共通の知り合いの名前が出て、
ランチに誘われていたことを思い出した。
「そういえば」と話題を切り替えよう！

ヒント 「記憶がよみがえる」イメージ

モデルアンサー 24

① **Oh, I remember.**
あ、思い出した。

② **Speaking of her,**
彼女と言えば、

③ **Oh, by the way,**
あ、ところでさ、

答え方のポイント

「(そのことを) 思い出した」と考える

人と話しているうちに、「そういえば」と話題が広がるのはよくあること。そんなときは「思い出した」と解釈して①のような言い方ができます。思い出しているのは「今このとき」なので、現在形でOK。出来事を共有した相手なら、Remember?「覚えてる?」と相手に問いかけることもできます。同じような言い回しで、That reminds me.「それで思い出した」もよく使われます。まったく違う話ではないけれど、関連する別の話題に移るときなどは②の「〜と言えば」などの言葉を入れると、話が飛んでも相手は安心してついてこられます。まったく話題が変わる場合は③。定番フレーズですので、知っている人も多いのではないでしょうか。話を自分の得意分野に変えたいときなどにも使えます。会話が途切れたときなど、by the wayと言って自分の持ちネタを披露するなど、話す機会作りにも役立ててみてください。

25 🔊 O25

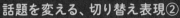

短く言う
発想の転換
プラスアルファ

話題を変える、切り替え表現②

出勤してきたパート仲間に、今日は店長が休みだと伝えなければならないことに気がついた。

「あ、そうだそうだ」と声をかけよう！

ヒント 「言うべきことがある」と伝える

モデルアンサー 25

① **Oh, I must say.**
そうだ、言わなきゃ。

② **Oh, before I forget.**
そうだ、忘れる前に。

③ **Oh, let me tell you.**
そうだ、言うことが。

答え方のポイント

この場合の「そうだ」はつまり「忘れる前に言わなきゃ」

やるべきことを思い出したときなどに、反射的に出る言葉「あ、そうだ！」。この場面は、「店長は休み」だとパート仲間に伝える、ということを思い出したので①や、覚えているうちにという意味を込めた②のような言い方ができます。②の応用でOh, before you go.「そうだ、みんなが行く前に」などと言うと、会社での打ち合せ終了後など、解散する前に伝えるべきことがあるときの一言になります。③はletを使った「ちょっと言わせて」という表現。どれも伝えることがあるときの前置きとして、注意をひくときに便利なフレーズです。会議を始めるときなどに、Attention.「注目してください」と言って進行役の人などが呼び掛けますが、こちらよりもずっとカジュアルに使えます。Oh, everyone!「そうだ、みんな！」と呼びかけてもいいですね。これらの表現はすべて、オフィスで使っても違和感のないフレーズです。

26 O26

短く言う
発想の転換
プラスアルファ

話題を変える、切り替え表現③

取引先の会社とウェブ会議。

相手が白熱してしゃべっているところに

「ちょっといいですか？」と割って入ろう！

ヒント 割り込むときにとっさに出る言葉は……

モデルアンサー 26

① **Excuse me.**
すみません。

② **May I?**
ちょっといいですか？

③ **Can I say something?**
発言してもいいですか？

答え方のポイント

「すみません」で注意を向けてもらう

「すみません」に相当する①は、だれかに話しかけたり人を呼び止めたりするとき、つまりこちらに注意を向けてもらうためのフレーズです。この場面ではSorry.も使えます。Sorry to interrupt.「中断してすみません」を省略した表現です。②も使い勝手のよさでいえば負けていません。ここではMay I (speak)?「(しゃべっても) いいですか？」とspeakが省略された形ですが、後ろにつくあらゆる動詞を省略して使えます。エレベーターを降りるとき前の人が邪魔……という場合も、この一言でOh, sorry! とスムーズによけてもらえます。③は②のmayと同じく「許可」の意味のあるcanを使った表現です。このほかCan I make a comment?「コメントしてもいいですか？」なども定番のビジネス英語。これが出てきたら上出来です。

27 027

短く言う

発想の転換

プラスアルファ

話題を変える、切り替え表現④

週末に仲のいい同僚とランチ中。

でも、仕事の話題ばかり……。

「仕事の話は置いといて」と、話をさえぎろう！

ヒント　この場合の「置く」とは話をどうすること？

モデルアンサー 27

① **Forget about work!**
仕事は忘れよう！

② **Stop talking about work!**
仕事の話はしない！

③ **No more work talk!**
仕事の話はもうたくさん！

答え方のポイント

この場合の「置いておく」は「忘れる」「やめる」

「〜は置いておく」はput asideで表現できますが、なかなか出てきづらいですよね。要は「〜しない」ということなので、①のforget「忘れる」や②のstop「やめる」を使うとカンタンです。Don't talk about work.「仕事の話はやめて」でもOK。③はNo more 〜.「それ以上〜はいらない」という言い回し。日本語でも、過去の悲劇を繰り返さないよう訴えるとき、または禁止されていることを戒めるときなどに「ノーモア○○」というコピーが定着していますが、和製英語ではなくれっきとした英語表現。安心して使ってください。ちなみに「仕事の話」はwork talkのほかにbusiness talkとも言います。No more 〜. と同じような表現では、Enough of work talk!「仕事の話はもうたくさん！」という言い回しもあります。こちらが出てきた人は英語上級者。仕事の話にストップをかけたら、Let's enjoy lunch!「ランチを楽しもうよ！」と続けて会話を楽しみましょう。

28 028

短く言う

発想の転換

プラスアルファ

話題を変える、切り替え表現⑤

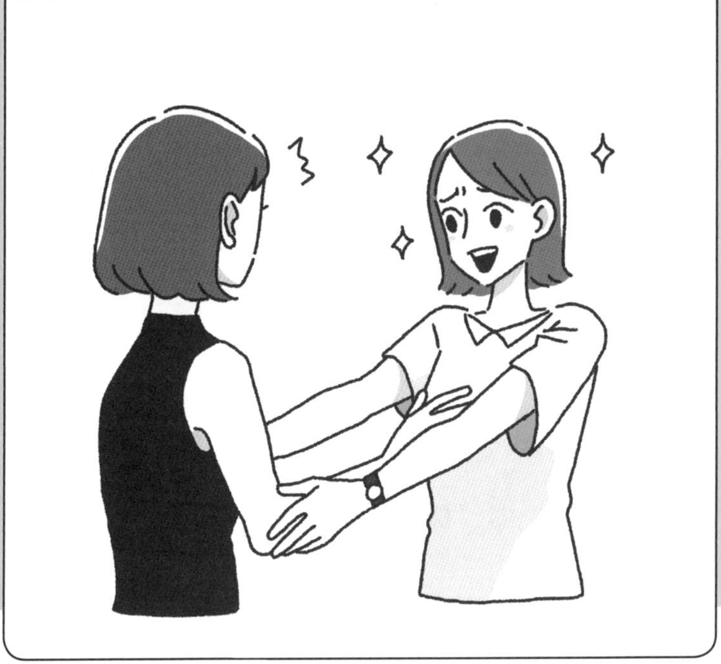

ずっと気になっていた人と付き合うことになった。
いろいろ話を聞いてくれた友人に
「報告があるの！」と知らせよう！

ヒント 「お知らせ」と考えると表現しやすい

モデルアンサー 28

① **Listen!**

聞いて聞いて！

② **I have good news!**

いい知らせがあるの！

③ **I have something to tell you!**

報告したいことがあるの！

答え方のポイント

「報告があるの」は、「聞いて！」ということ

「報告する」という日本語からreportやinformが浮かびましたか？　どちらも語義としては合っていますが、友人にうれしい報告をするシーンなので、もう少しカジュアルでワクワク感のある表現をしてみましょう。①の「聞いて！」は、まさにワクワク感満載で、「一体なに？」と相手もワクワクしてきそうな表現です。②は「いいニュースがある」という表現。I have news.だけでもいいのですが、これだと単に「お知らせがあります」という意味で、ちょっと退屈です。せっかくのいい知らせなのだから、goodをつけましょう。goodよりも強いgreatやwonderful「素晴らしい」など、いろいろなバリエーションを持たせることもできます。③はこんなときによく使われる定番表現で、「あなたに言うことがある」という意味。want to ～「～したい」を使って、I want to tell you something.「あなたに伝えたいことがある」としてもOKです。3つの中では、「報告がある」という表現に一番近い英語です。

29 029

短く言う
発想の転換
プラスアルファ

自分の考えを述べる賛成・反対表現①

友人から、来週のパーティーに参加するか聞かれた。

まだ決めていないので「迷い中」と言っておこう！

ヒント 判断できないときによく使うのは…？

モデルアンサー 29

① **I don't know yet.**
まだわからないな。

② **Yes and no.**
どちらとも言えない。

③ **Half and half.**
半々だね。

答え方のポイント

「迷っている」=「まだわからない」ということ

「『迷う』って何て言うの」……と迷う必要はありません。「どちらにするか決めかねている」のですから、①のように「まだわからない」でいいのです。I'm not sure yet.「まだ確かじゃない」、Not decided yet.「まだ決めていない」などでも、どうするか迷っていることがはっきり伝わります。「英語では白黒つけて言わないと……」と思っている人もいるようですが、あいまいな表現も意外と多いのです。②や③は代表的なあいまいフレーズ。日本語の「半々」からFifty-fifty.が思い浮かんだ人もいるかもしれませんね。もちろんこれもOKです。参加する人によって行くかどうか決めたいときなど「状況次第かな」という意味で、It depends.などの言い方もよく使われます。これらのフレーズに続けて、I have to decide soon.「そろそろ決めないと」と言っておけば、はぐらかしているわけではなく、本当に迷っているということも伝わります。

30 030

短く言う

発想の転換

プラスアルファ

自分の考えを述べる賛成・反対表現②

友人とショッピング。意見を求められたので

「いいんじゃない?」と返そう!

ヒント 「自分も気に入った」ということ

モデルアンサー 30

① **Not bad.**

悪くないね。

② **I like it.**

それいいね。

③ **Quite good.**

結構いいんじゃない？

答え方のポイント

Good! 以外の選択肢もたくさんある

「いいね！」はGood! でも間違いではありませんが、バリエーションは星の数ほどあります。いろいろな言い回しを知っておくと、脱ワンパターン、かつ英語らしい発想も身につきます。なかでも、①のような「あえて否定形を使う」という言い方は覚えておくと便利。というのも、いろいろなニュアンスを含ませることができるので使い勝手がよいのです。直訳すると「悪くない」ですが、明るい口調や表情で言うと、very goodの意味合いで伝わります。逆に、ビミョーな表情で渋りながら言えば、「……悪くない（けど、いいわけじゃない）」という意味でも使えます。文末にat all をつけると、否定を強調する形になりますので、「全然悪くない」＝「めちゃくちゃいいね！」という意味に。②はSNSの「いいね！」でおなじみですね。③もgoodを強調した定番の言い回し。Why don't you buy it? 「買ったら？」、Do you want to buy it?「買いたい？」と続けると自然です。

31 🔈 031

短く言う
発想の転換
プラスアルファ

自分の考えを述べる賛成・反対表現③

ボランティア活動のグループでの話し合い。

メンバーが述べた意見に

「賛成です」と同意しよう！

ヒント agree 以外の表現もたくさんある

モデルアンサー 31

① **Good idea.**
いい案だね。

② **I like the idea.**
その案いいね。

③ **Let's do it!**
それ、やろう！

答え方のポイント

「賛成」＝「いい案だね」「やろう！」

賛成するときはI agree with ～.と習ったと思います。もちろんそれも正解ですが、実際のところ「賛成です」以外のフレーズで表現することが多いのは日本語も英語も同じで、肯定的な表現はすべて「賛成」の意味になります。①は「いい案だね」とアイデアを肯定するシンプルな言い方。GoodをGreatなどに変えれば「大賛成！」の意味になります。②も相手の案を気に入っている＝賛成の表現。強調したいときはlikeをloveにすれば「その案、最高！」となります。③の表現も「それ、やろう！」ですから、肯定以外の何ものでもありません。「今すぐ」という意味を加えたLet's try soon! や、Let's start now.なども肯定感を強調できます。そのほか、強調したいときに便利なのは、I agree 100%! という言い方。「100％」の代わりに、perfectly、totally、completelyを使っても、「完全に同意」の意味になります。

32 032

短く言う

発想の転換

プラスアルファ

自分の考えを述べる賛成・反対表現④

次に出てきた意見は、実現が難しそう。

「反対です」と異を唱えよう。

ヒント disagree 以外の単語を使おう

モデルアンサー 32

① **Not a good idea.**
いい案ではないね。

② **I don't like the idea.**
その案はよくないね。

③ **I don't agree.**
賛成しないな。

答え方のポイント

肯定的な意味の文を否定文にしてやんわり伝える

Noを伝えるときは、やわらかい表現のほうが使いやすいでしょう。こんなときは、否定の意味を持つ語は使わず、肯定の意味を持つ語を否定形にすることで、表現をマイルドにすることができます。①はそんなときに便利な言い方です。Bad idea.「悪い案ですね」とダイレクトに言いにくいとき使えます。ちなみに、No good! と言うと「それダメ！」「ボツ！」という強い意味になりますので、ご注意を。②や③もダイレクトにdislike「嫌い」、disagree「反対」とせず、同様に否定形で伝えることで、ワンクッションある印象です。さらにやわらげるなら、I'm not sure.「わからない」と明言を避けることでNoの表現にすることもあります。It doesn't work.「うまくいかないよ」、We need better ideas.「もっといい案じゃないと」、Let's think up another idea.「ほかの案を考えようよ」などの言い方でも伝わります。

33 🔈033

短く言う

発想の転換

プラスアルファ

自分の考えを述べる賛成・反対表現⑤

取引先との話し合い。

納得のいく結論に至らなかったので

「仕方ないですね」と妥協しつつ同意しよう！

ヒント 「妥協」＝「ほかに選択肢がない」と考えると……

モデルアンサー 33

① **No choice.**
ほかに選択肢がないですね。

② **No other way.**
ほかに方法がないですね。

③ **It’s the only way.**
もうそれしか方法がないですね。

答え方のポイント

妥協するときの「仕方ない」は「ほかの方法がない」

この場合の「仕方ない」は、納得できる案が思いつかず今ある案でしぶしぶYesと言わざるを得ない、という意味。「(今出ている案のほかに) 選択肢がない」とシンプルに伝える①や、「ほかの道 (方法) がない」「唯一の道だ」と消去法での結論を述べている②や③のような言い方ができます。No better way.「ほかにより良い方法がない」とも言えます。どれもしぶしぶ感の漂う表現で、ビジネスの交渉、プライベートの計画など幅広く使えます。We say yes this time.「今回は同意するとしましょう」を加えれば、「次は違いますよ」という意味を匂わせられます。ちなみに、We say ～.は「我々はそう申し上げる、断言する」というような、少しかしこまったニュアンスになり、sayのあとに言うコメントを強調します。We don’t have much time.「そんなに時間がないですからね」、It’s time to decide.「そろそろ決めないと」と言えば「時間切れ」の印象もプラスできます。

34 034

短く言う

発想の転換

プラスアルファ

自分の考えを述べる賛成・反対表現⑥

友人と食事に出かけた。「中華料理とインド料理どっちがいい？」と聞かれたので「どっちでもいいよ！」と答えよう！

ヒント 「どっちでもいい」はつまり「どちらになっても構わない」

モデルアンサー 34

① **I don't mind.**
どっちでも構わないよ。

② **You choose!**
あなたが選んで！

③ **Either is fine.**
どっちでもいいよ。

答え方のポイント

「どっちでもいいよ」→「（どちらでも）気にしない」でいい

相手に選択や判断をゆだねる表現は英語にもあります。「どちらでも」がすぐに出てこなければ、①のように「（どちらになっても）気にしない」と言えばOK。mind「気にする」を否定文にしただけです。似た表現にcare「気にかける」を使ったI don't care. がありますが、こちらは「どうでもいい」という投げやりなニュアンスになるので要注意です。②のchoose「選ぶ」を使った形は、全面的に相手の選択にゆだねる言い方。「あなたが選んだならどちらでも満足」というニュアンスがあります。③は「どっちでもいい」と言いたいときによく使われる定番表現。eitherは「2つのうちのどちらでも」という意味。ちなみに、選択肢が3つ以上ある場合は、Anything is fine.「どれでもいいよ」。こちらも便利です。I'm very hungry anyway.「とにかくすごくお腹が空いてる」と続ければ、相手も「それなら」とすぐに決めてくれそうですね。

35 035

短く言う
発想の転換
プラスアルファ

会話を盛り上げるあいづち表現①

ガイド中の観光客と雑談。ふんふんと話を聞き
普通のテンションで「へえ」とあいづちを打とう！

ヒント 「そうなんだ」と考えてみよう

モデルアンサー 35

① **I see.**
なるほどね。

② **Really.**
ホントに。

③ **Is that so?**
そうなんだ。

答え方のポイント

「あいづちは控え目」が欧米スタイル

英語ではリアクションは大げさに、とお伝えしましたが、ネイティブのあいづちは回数でいえば日本人より少ないのが一般的です。ジーッと聞いていることも多いので、不安になる人もいるかもしれません。でも彼らからすると、あいづちは話の節目節目のタイミングで発するのが礼儀に適った話法。心配しなくて大丈夫です。①から③はどれも「へぇ」「そうなの」といった、会話のちょっとした潤滑油になる定番のあいづち。あなたの話をちゃんと聞いていますよ、という意思表示で、ほかにもYes.やUh-huh.など、日本語の「うんうん」に近いものもあります。あいづちに続けてThat's interesting.「興味深いね（面白いね）」など感想を言うこともできます。ちなみにテンション高めのあいづちは、Wow!「うわ～！」、Amazing!「すごい！」など。驚いた表情で言って、I can't believe it!「信じられない！」、Are you sure?「ホントに？」と加えれば会話も弾みます。

36

036

短く言う

発想の転換

プラスアルファ

会話を盛り上げるあいづち表現②

「SNSで知らない人に言いがかりをつけられた」とぼやく友人。「最悪！」と同情のあいづちを打とう！

ヒント　「最悪」につられて最上級にしないこと

モデルアンサー 36

① **Terrible!**

最悪！

② **Unlucky!**

運が悪かったね！

③ **I can't believe it.**

信じられない。

答え方のポイント

「最悪」＝「ひどい」と考える

「最悪だね！」と言いたいとき、badの最上級でworstと考える人もいるかもしれませんが、何かと比較しているわけではないので、あいづちとしてはちょっと不自然です。要は「ひどい！」ということだな、と考えて①やAwful!などの形容詞が出てきた人は正解。②のように言えば同情する気持ちも伝えられますね。Poor you!「なんてかわいそうなの！」やPoor ～!「かわいそうな○○！」(「～」には人名が入る）といった言い回しもよく使われます。単語が出てこなければ③のように言って「信じられないくらい悪い」というニュアンスで「最悪」の意を表現できます。いずれも、さらっと言わずオーバーなくらい気持ちを込めた言い方で。そのあとに、Ridiculous!「馬鹿げてる！」などと感想を加えると、より相手への共感が示せます。

37 037

短く言う
発想の転換
プラスアルファ

会話を盛り上げるあいづち表現③

台風で全然お客さんが来ない。「こんな日はお店を閉めたらいいのに」と言うパート仲間に「それは言える」と同意しよう！

ヒント 「その通り」と考えればOK

モデルアンサー 37

① **You are right.**
あなたは正しい。

② **It's true.**
ホントだよね。

③ **I think so, too.**
私もそう思う。

答え方のポイント

相手に同意していると伝える

日本語の話し言葉で「それは言える」などと言いますが、その直訳に近いYou can say that again!「まったくその通り！」という言い回しが英語にもあります。でも、その表現を知らなくても、相手に同意する①から③の表現で十分です。①と②はRight.やTrue.と1語に省略してもOK。共感度合いを強調したければ、Absolutely (right)!「本当に！」やExactly (right)!「確かに！」、Totally (true)!「まったく！」などの副詞1語のあいづちもよく使われます。また、I agree.「賛成です」も同意のあいづち。コメントをプラスすることでさらに共感を表現できますので、Nobody will come!「だれも来ないよね！」などを加えると、そこからまた会話が続いていきそうです。相手も「でしょう？だからさ……」と口が滑らかになること請け合いです。

38 038

短く言う
発想の転換
プラスアルファ

会話を盛り上げるあいづち表現④

仕事で大失敗したと話す友人。

「しょうがないよ」と慰めながら話を聞こう！

ヒント 前向きな表現にもトライしよう

モデルアンサー 38

① **Too bad.**
残念だったね。

② **That's life.**
そんなもんだよ。

③ **Forget it.**
気にしないで。

答え方のポイント

湿っぽくなりすぎず「気にしない！」でOK

失敗談を聞いたときに言う「あらら」は英語だとOh, dear. まずはこう言っておくと、同情を表現しつつ次の言葉を考える余裕もできますね。「しょうがない」は慣用句のYou can't help it. や過去形のYou couldn't help it. が言えたら上等ですが、それらの表現がとっさに出なくても、落ち込んでいる相手への共感を示す①のフレーズで十分です。I know the feeling.「気持ちわかるよ」、I'm on your side.「私は味方だよ」と加えてもいいですね。②はフランス語の慣用句セ・ラ・ヴィ「これが人生さ」の英語版。諦めのにじんだ雰囲気を出せます。③は「考えても仕方ない」という意味合いの慰めフレーズ。ほかにStop worrying.「心配しないで」などと言うこともできます。これらのフレーズに続けてYou'll be ok next time.「次は大丈夫だってば」、Let's look on the bright side!「明るいほうを見よう！」と未来へフォーカスし、Cheer up!「元気出して！」とダイレクトに励ましてあげましょう。

39 039

短く言う
発想の転換
プラスアルファ

会話を盛り上げるあいづち表現⑤

観光客が、自国の文化の話をしてくれた。
「それでそれで？」とあいづちを打って
続きを促そう！

ヒント 「そして？」「それから？」と考える

モデルアンサー 39

① **And?**
それで？

② **Then?**
それから？

③ **Go on!**
続けて！

答え方のポイント

「先が早く知りたい」というワクワク顔で

興味深い話の先を促すとき、日本語でも「それから？」と合いの手を入れますよね。そのまま直訳した①②は、英語でもとてもよく使います。「〜で、それから……」と本来なら相手が言うべきandやthenを聞き手が先に言うことで、「待ちきれないほど面白い」ということが伝わる、ちょっとせっかちなあいづちです。先を促すニュアンスは③でもしっかり伝わります。Go ahead!「どうぞ（話を進めて）！」なども同様に使えるフレーズ。こんなふうに言われたら「お、興味を持ってくれてるな」と話し手もうれしくなります。友人同士やカジュアルな場での楽しい会話では、おおむねポジティブに受け取ってもらえます。気をつけたいのは、ビジネスなどシリアスなシーン。場合によっては「要は？」「それで？（早く言ってよ）」と結論を急かす意味になります。タフな交渉の場で相手の失言を引き出す戦術として使われることもありますので、場面を選んで使いましょう！

40 040

短く言う

発想の転換

プラスアルファ

苦情とぼやきを述べるクレーム表現①

いつも待ち合わせに遅れる友人。

「今回は大丈夫」と言いながら、今日も遅れてきた。

「約束したじゃん！」と苦情を言おう。

ヒント 事実だけをシンプルに言ってみよう

モデルアンサー 40

① **You promised.**
約束したじゃん。

② **You forgot?**
忘れたの？

③ **Keep your promises.**
約束は守ってよ。

答え方のポイント

「約束した」「忘れた？」など事実をそのまま述べる

付加疑問文のYou promised, didn't you?「約束したよね？」がすぐに出てきた人、すごいです。でも、①のようにシンプルに「あなたは約束した」と言うだけでも十分です。相手の非を責めるときには断言調の言い方のほうが効くでしょう。もしもpromiseが出てこなければ、You said so. やYou said it.「そう言ったでしょ」でもOKです。②は「(まさか) 忘れちゃったの？」と驚きをにじませた感じになります。これは「語尾を上げて疑問文」方式です。もちろん、Did you forget your promise? ときちんとした疑問文で聞けば、冷静に問い質している形でよりプレッシャーを与えることができます。③はストレートな言い方。ちなみに、ここでのpromiseは「約束」という名詞で、複数形を使います。①から③はどれも、表情や口調次第でソフトにもキツい印象にもなるフレーズなので加減して使ってください。

超楽しい！　リスニングとスピーキングの効果的な訓練法とは？

英語の勉強法について質問されることは多いのですが、その中でもやはりダントツなのは、どうしたら英語を聞けて話せるようになるかということです。よく言われるように、とにかくたくさん英語を聞いて慣れるとか、話す練習をするというのは当たり前ですが、具体的にどうすればいいのか、イマイチわからない人が多いのではないかと思います。

リスニングとスピーキングを分けて学習している人も結構多いのですが、これらは同時に訓練したほうがずっと効率がよく効果的です。なぜなら、会話では耳と口を同時に使うからです。

ここでは「とにかくまねる」という方法をご紹介しましょう。聞こえてきた英語の発音、抑揚、言い方から話者の顔つきやジェスチャーにいたるまでとことん観察し、まねるのです。

海外ドラマや映画、ネット上の動画など、使える媒体はたくさんあります。けんかをしているシーンなら同じように声を荒らげ、言葉に強弱をつけ、顔をしかめます。最初は短いフレーズや単語だけでも構いません。また、何を言っているのか全部理解する必要もありません。慣れてきたら、長めの文章に挑戦しましょう。まねることの効果は絶大です。英語を聞くための集中力が飛躍的に高まり、同時に瞬発力や反応力もつくからです。

実は私もイギリスに住んでいたとき、当時はあまり意識してはいませんでしたが、毎日「まね」をしていました。

テレビのインタビュー番組やバラエティ番組では、会話の間合いや質問の仕方、返し方、ほめ方、あいづちやリアクション、ジョークを言うタイミング、ジェスチャーなど、出演者たちの話し方をじっと観察しました。そして、それらをとにかくまねたのです。

そうすることで自分もネイティブスピーカーになった気分になり、根拠のない(?)自信がつき、それがまた英語を上達させるモチベーションになりました。まねた表現が、他人の英語から自分の英語になっていく過程に、ワクワクしたものです。そしてそれを同じトーンで、実際に使えたときの気持ちよさ。最高の気分でした。

会話は双方向のやりとりですから、リズムに乗ることが流れを作り、心地よいコミュニケーションを可能にします。そのためには、ただ「聞いて話す」だけの練習ではなく、「効果的に聞いて表現する力」をつける訓練をすることが大切です。

この訓練には、学習用に作られたテキストよりも、先に挙げたドラマや映画、ニュース、ネット動画など、生きた媒体のほうが効果的です。「好きこそものの上手なれ」ですから、直観的に気に入ったものを選ぶとよいでしょう。

台本のない生のインタビューや、トーク番組もオススメです。これらには、ドラマや映画のような完璧さがない分、会話中の言い間違いや誤解なども含め、自然なやりとりが展開されています。リアルな会話とは本来そういうもので、変化球への対応例も学ぶことができます。観察してとことんまねる。それが確実に自分の英語になっていく過程を、ぜひ楽しんでください。

Enjoy!(楽しんで!)

Go next...

短く言う
発想の転換
プラスアルファ

41 041

苦情とぼやきを述べるクレーム表現②

何度か注意したのに、
仕事の手順を守らないパート仲間。
「前にも頼んだんだけど」と言ってみよう！

ヒント 「頼んだ」をシンプルに表現すると？

モデルアンサー 41

① **I asked you before.**

前にお願いしたんだけど。

② **Remember?**

覚えてる？

③ **I said it a few times.**

何度か言ったけど。

答え方のポイント

「頼んだ」＝「前に言った」「覚えてる？」でOK

頼んだことを相手がしてくれていなかった場合のフレーズです。①は「私はあなたに頼んだ」と端的に伝えることで、頼んだという事実を確認する表現。万が一、askが出てこなくても、I told you before.「前にも言ったんだけど」と言えばOKです。ちなみにI told you!「だから言ったのに！」は、警告したにもかかわらず、何かをしでかしたときの定番フレーズ。こちらも知っておいて損はありません。②は「語尾を上げて疑問文」方式のシンプルな英語。You don't remember?「覚えてないの？」と否定形にして聞くと非難の度合いがやや上がります。③は相手への依頼がa few times、つまり「複数回」と告げることで、「何度も言ったはずなのに……」というニュアンスが加わります。many timesに代えれば「何回言わせるの!?」と腹にすえかねていることも伝えられます。

42 042

短く言う

発想の転換

プラスアルファ

苦情とぼやきを述べるクレーム表現③

ボランティア仲間に、付き合いにくいメンバーがいる。

「彼、いつもイライラしてるんだよね」とつぶやこう！

ヒント 「イライラする」をもっと簡単に言うとどんな感情？

モデルアンサー 42

① **He is always angry.**
彼はいつも怒っているね。

② **He gets angry easily.**
彼はすぐに怒るね。

③ **He is difficult.**
彼は気難しい。

答え方のポイント

「イライラしている」=「怒っている」で伝わる

He is always irritated.「彼はいつもイライラしている」が出てきた人は上級者です。発音が「イライラしている」と似ているので覚えやすいかもしれませんね。irritated「イライラしている」が出てこなければ、易しい言葉で近い意味を持つものを使ってみましょう。①のように「いつも怒っている」と言えば伝わります。また、②のように「すぐに怒る」と言っても「短気な人なんだな」とわかります。ちなみに、「彼は短気だ」ならHe is short-tempered.です。③のdifficult「困難な」「難しい」は、人に使うと「気難しい」という意味に。また、He is always unhappy.「彼はいつも不幸だ」と言えば、常に不機嫌な人なのだ、とわかりますね。同じような意味では、He is in a bad mood.「彼は不機嫌だ」もよく使う言い回しです。I don't want to work with him.「彼とは仕事をしたくないなあ」というボヤキが出てきそうです。

43 043

短く言う
発想の転換
プラスアルファ

苦情とぼやきを述べるクレーム表現④

はっきりとモノを言わない人について、
同僚が愚痴を言っている。「彼はいつも遠まわしな言い方するよね」と、一緒にぼやこう。

ヒント 「遠まわし」とは「はっきりしない」こと

モデルアンサー 43

① **He is not direct.**
彼は直接的ではないよね。

② **He talks too long.**
彼は話が長いよね。

③ **I don't understand him.**
彼の言ってることがわからない。

答え方のポイント

「遠まわし」＝「ダイレクトじゃない」と考える

「遠まわしに言う」は英語でimply。短いですが難易度の高い単語です。とはいえ、こうした人や状況にはよく遭遇しますから、ここで発想転換の出番です。①は反対の意味の英語を否定文にして表す方法です。directはカタカナの「ダイレクト」と同じ意味で使えますから、「遠まわし」の対極ですね。ほかに「明瞭な、はっきりした」という意味のclearを使ってHe is not clear.「彼ははっきりしない」や、副詞にしてHe doesn't speak clearly.「彼ははっきりと言わない」などでも伝わります。さらに視点を変えて②のように「彼は話が長い」と言ってもいいでしょう。こう言えば、持ってまわった話し方だとわかります。③は「遠まわしな言い方」＝「言ってることがわからない」と発想しています。Maybe he doesn't want to make mistakes.「ミスしたくないんじゃない？」、He worries too much.「心配しすぎなのよね」など彼の人物評で話が弾みそうです。

44 044

短く言う

発想の転換

プラスアルファ

トラブルを防ぐ、謝罪と言い訳表現①

頼まれていた買い物を、うっかり忘れてしまった。

「ごめん！（Sorry!）うっかりしてた」と謝ろう。

ヒント 頭の中からすっかり消えていた状態

モデルアンサー 44

① **I forgot.**

忘れてた。

② **How careless of me!**

なんて不注意なんだろう！

③ **I didn't remember.**

思い出せなかった。

答え方のポイント

「忘れた」と潔く言う

「うっかりしてた」は、悪気はなかったことを伝える便利な日本語。でも、そのままでは英語にしづらいので、要するにどういうことなのか考えてみましょう。ここでは、「買うのを忘れた」のですから、シンプルに「忘れてた」「思い出せなかった」と伝える①や③でOKです。②のように言うと「自分の注意が足りなかった」と反省していることも伝わります。同じ意味合いで、I have a bad memory.「記憶力が悪くて……」という言い回しもあります。自分のダメなところをアピールすることで「わざとじゃない」「しっかりしなきゃと思ってるんだけど……」といったニュアンスを出すことができます。「忘れた」で終わらせるのではなく、I'll go again.「また（買いに）行ってくるよ」と言って埋め合わせをすれば挽回できますね。すぐに埋め合わせるのが難しい場合は、I'll be careful next time.「次は気をつけるよ」とつけ加えておくとベターです。

45

🔈 045

短く言う

発想の転換

プラスアルファ

トラブルを防ぐ、謝罪と言い訳表現②

散らかったバックヤードを片づけたら、

「何がどこにあるかわからない」とみんな困っている。

「良かれと思って……」と謝ろう。

ヒント 「手伝いたかった」という気持ちを表現しよう

モデルアンサー

45

① **I thought it was good.**
いいことだと思ったの。

② **I wanted to help you.**
みんなを助けたかったの。

③ **Sorry.**
ごめんなさい。

答え方のポイント

「いいことだと思った」でOK！

余計なおせっかいでかえって迷惑をかけてしまったとき、英語には、I went too far.「やりすぎちゃった」という慣用句があります。でも、これが出てくるのは英語に精通したかなりの上級者ですね。ここでは「良かれと思って」=「いいことだと思った」をそのまま直訳した①のような表現でも十分です。言外に込めた「余計なことしちゃってごめんなさい」の気持ちも伝わります。同じ構文で、goodをhelpfulに変えれば、「助けになると思って」という意味になります。「良かれと思って」を「助けたかった」と解釈したのが②の表現。I tried to help you.「助けようと思ったんだ」と言ってもいいですね。この場合のyouは「あなたたち」と複数の意味で使われています。③のように潔く「ごめん」と言ってしまってもいいでしょう。Sorry. It didn't work out.「うまくいかなくてごめんね」と言えたら、より具体的に伝わります。

46 🔈 046

短く言う
発想の転換
プラスアルファ

トラブルを防ぐ、謝罪と言い訳表現③

クライアント企業からの帰り道。

資料の不備を上司に注意された。

「以後、気をつけます」と謝罪しよう。

ヒント 「以後」は助動詞で表すことができる

モデルアンサー 46

① **I will be more careful.**
もっと注意します。

② **I have to double check.**
ダブルチェックしなければ。

③ **I won't do it again.**
二度としません。

答え方のポイント

助動詞 will で「以後」を表現

「『以後』は……、in the future?　それとも from now?」なんて悩まなくても、助動詞を使うとわざわざ「以後」を訳す必要がなくなります。①のように助動詞 will を使えば、「(これからは)～する」という意志を表せます。should「～すべき」や must「～せねばならない」に変えると、より強い決意の表現になります。②の have to は「今後～するべき」という未来の意味をすでに持っているので、will をつけなくても未来を表すことができます。double check「2回確認する」というのも be careful「注意する」と同じようによく使われる言い回しで、慎重を期す意志と姿勢が伝わります。③は失敗してしまった場面で幅広く使える表現で、will の否定形 won't を使っています。余裕があれば、How careless of me!「なんて自分は不注意なんでしょう！」などとつけ加えれば、反省していることも伝わります。

短く言う

発想の転換

プラスアルファ

47 047

トラブルを防ぐ、謝罪と言い訳表現④

部屋の鍵をなくし、外出中のルームメイトに

予定を切り上げて帰ってきてもらった。

「迷惑かけちゃってごめん！」と謝ろう。

ヒント 「迷惑」は「困ったこと」と考えると……

モデルアンサー　47

① **I'm so sorry.**
ホントにごめん。

② **Sorry to trouble you.**
面倒かけてごめん。

③ **Sorry for the trouble.**
迷惑かけてごめん。

答え方のポイント

単純に「ごめん」でOK

「迷惑」が思いつかなければ、「ごめん」と謝るだけでもよいのです。①のようにso sorryと言えば「ホントにごめん！」という気持ちが伝わります。「迷惑」は英語だとtrouble。日本語でも困ったことを「トラブル」と言うので思いついた人もいるでしょう。名詞としても使いますが、便利なのは動詞のtroubleです。これだけで「迷惑／面倒をかける」という意味なので、②のような使い方ができます。名詞で使う場合はI gave you trouble.となりますので、動詞のほうがカンタンに感じられる人が多いのではないでしょうか。覚えておいて損はありません。ちなみに、③のtroubleは名詞です。I'll be more careful.「これからはもっと気をつける」、I'll never do it again.「二度とやらないよ」と組み合わせて反省していることを伝えましょう。

48 048

短く言う

発想の転換

プラスアルファ

トラブルを防ぐ、謝罪と言い訳表現⑤

待ち合わせ時間を誤解していて、遅刻してしまった。

申し訳なさそうに「勘違いしてました」と

伝えよう！

ヒント 「勘違い」は直訳しない

モデルアンサー 48

① **My mistake!**
間違えました！

② **I got the wrong time.**
時間、間違えてしまいました。

③ **Sorry for the misunderstanding.**
勘違いしてすみません。

答え方のポイント

「勘違いした」→「間違えた」でOK

英語が思いつかないとき、日本語そのものに注目してしまうと余計にわからなくなる表現は結構あります。「勘違い」は字面を見て直訳しようとすると無理のある日本語です。「思い違い」のことですから、misunderstand「誤解する」が浮かんだ人は素晴らしい！ misunderstandが出てこなくても、この場合は①のように「間違えた」と言えば、「誤解があったのだな」と相手にもわかるでしょう。②は具体的に「違う時間だと思っていた」ことが伝わります。I thought it was 9 o'clock.「9時だと思ってた」、Wasn't it 9?「9時じゃなかった？」と言えば、どう勘違いしていたのかも伝わりますね。この言い方ならどちらが間違えたのかわからない段階でも抵抗なく使えるでしょう。明らかにこちらの誤解や確認ミスで相手に迷惑をかけてしまった場合は、③のようにきっちりsorryと謝罪の言葉を入れた表現を使いましょう。

49 049

短く言う

発想の転換

プラスアルファ

「ありがとう」を伝える感謝表現①

風邪で寝込んでしまった。

買い出しに行ってくれた友人に

「助かった」とお礼を言おう！

ヒント 「あなたは私を助けた」と考える

モデルアンサー 49

① **You helped me a lot.**
すごく助かった。

② **You were very helpful.**
とても助かった。

③ **Thank you for your help.**
手伝いありがとう。

答え方のポイント

help を上手に使う

日本語でよく言う「助かった！」をいざ英語にしようとすると、「『私は助かる』だから、I... あれ、『助かる』ってなんて言うんだっけ……？」と固まる人もいるのではないでしょうか。考えていると会話のテンポが遅れます。自分の感情を伝えるとき、日本語では主語を「私」にして考えがちですが、「私」で英訳につまったら、「主語を変える」発想に切り替えましょう。①のようにyouを主語にすればカンタンになります。形容詞helpful「助けになる」を使って、②のように「あなたはとても助けになった」→「とても助かった」と言ってもいいですね。人に対してだけでなく、(That was) Very helpful.「とても助かった」や、a helpful map「役に立つ地図」など状況や物にも使えます。③のhelpは「助け」や「手伝い」の意味の名詞で、手助けしてもらったときの定番フレーズ。仕事でもプライベートでも活躍する便利なフレーズです。

50 050

短く言う

発想の転換

プラスアルファ

「ありがとう」を伝える感謝表現②

課題を手伝った友人がお礼にごちそうしてくれた。

「ごちそうさま！」と感謝を伝えよう！

ヒント 食事の感想を言うのが good

モデルアンサー 50

① **Wonderful dinner!**
素晴らしい食事でした！

② **It was delicious.**
すごくおいしかった。

③ **I enjoyed it very much.**
とってもおいしかった。

答え方のポイント

味、店、過ごした時間をほめる

「ごちそうさま」にあたる決まった英語表現はありませんが、「ほめる文化」の人々ですから、食事の味や盛り付け、店の雰囲気などをほめることで、「ごちそうさま」の意味を表すことができます。ですから、①のように「素晴らしい食事だった」と言えば十分です。盛り付けの色彩やスタイルに感動したならBeautiful dinner! とするなど、形容詞を変えて使うこともできます。②は味をほめたもの。特に気に入った一皿があればI loved the fish.「魚がおいしかった」などと具体的に言うとさらにいいですね。③はディナーの時間そのものを楽しんだことが伝わります。You know a great restaurant.「いい店知ってるね」、I'll come back again.「また来ようっと」と店を良く言うことで誘った相手のセンスをほめることにもなります。

51 🔈 051

短く言う
発想の転換
プラスアルファ

「ありがとう」を伝える感謝表現③

3カ月にわたる英会話レッスンの最終日。

「お世話になりました」とお礼を言おう！

ヒント 「お世話」の内容は何？

モデルアンサー 51

① **Thank you for teaching me.**
教えてくださってありがとうございました。

② **Your lessons were great.**
素晴らしいレッスンでした。

③ **I enjoyed your class.**
授業、楽しかったです。

答え方のポイント

どんな「お世話」に感謝しているのか具体的に言う

「お世話になりました」を英語で言うときは、何に対する感謝なのか、それに対してどう思っているのかなど、具体的に言う必要があります。①は「〜してくれてありがとう」という定番フレーズ。Thank you for 〜. のあとに入るのは動名詞（-ing形）や名詞（この場合はyour lessonsなど）です。②はレッスンの素晴らしさに言及することで感謝を伝える表現です。You are a great teacher.「あなたは素晴らしい教師です」などもいいですね。勉強は真面目に取り組むものという考えが強い日本では、③のenjoyは場面にそぐわないように思う人もいるかもしれません。でも、「興味深く取り組む」という意味合いで、勉強だけでなく仕事でもよく使います。感謝の言葉のあとに、You taught me a lot.「たくさん教えてくれましたね」やI've learned a lot.「多くを学びました」、そしてI'll continue to study.「勉強を続けますね」と言われたら、相手も教師冥利につきること間違いなしでしょう。

52 O52

短く言う

発想の転換

プラスアルファ

「ありがとう」を伝える感謝表現④

ガイドした観光客がプレゼントをくれた。

恐縮して「そんな、よかったのに！」と言おう！

ヒント 親切にしてくれてうれしい気持ちを伝える

モデルアンサー 52

① **You are so kind.**
親切なのね。

② **How nice!**
なんていい人！

③ **You shouldn't have!**
しなくてよかったのに！

答え方のポイント

恐縮するほど「いい人」と思っている、と伝える

こちらが思っている以上のものを受け取ったときなどに出る「こんなにしてもらわなくてもよかったのに……」という言葉。ちょっと恐縮しているニュアンスを伝える表現は、実は英語にもあります。それがズバリ③です。haveのあとにdoneが省略されたもので、直訳すると「あなたはそんなことをするべきではなかった」と過分な厚意に対するお礼の気持ちを表したものです。慣用句なので知っておいて損はありません。でも、もっと簡単に考えて「あなたは親切」でも伝わりますから、①や②のように言うことができます。日本人の感覚ではなんだか照れ臭いかもしれませんが、きちんと言葉にしないと伝わらない、というのが欧米のスタンダード。英語では「相手の美点はきちんと伝えるのが礼儀」と肝に銘じましょう。実際、How kind of you!「なんて親切なの！」のような表現はよく使われますので、そういうものと心得て、慣れてしまいましょう。

53 O53

短く言う
発想の転換
プラスアルファ

「ありがとう」を伝える感謝表現⑤

急用で出勤が遅れたパート仲間の代わりに

シフトを延長した。お礼を言われたので

「どうイたしまして！」と答えよう！

ヒント 気さくな言い方にもトライ！

モデルアンサー 53

① **You are welcome!**
どういたしまして！

② **No problem!**
全然大丈夫！

③ **Any time!**
いつでも言ってね！

答え方のポイント

定番のほか、「問題ない」「いつでも」も使える

「どういたしまして」の定番表現は①。これは言える人も多いのではないでしょうか。丁寧な表現なので、初対面の人や目上の人にも使えます。ほかに、My pleasure.「(お役に立てたことは)喜びです」もポジティブかつ洗練された返答です。②で答えるとカジュアルな印象になります。文字通り「問題ない、大したことない」という意味。相手が恐縮しているときは、こう言うと心を軽くしてあげられます。③は文字通り、「いつでも(どうぞ)」という気さくな一言。「何かあったらいつでも頼ってね」ということをこんなに短く言えるんです。ほかにも、Sure.「どういたしまして」、That's ok.「大丈夫」、Never mind.「気にしないで」など、シンプルな言い回しはたくさんあります。どれも短いフレーズばかりなので、どんどん使ってみてくださいね。

54 054

短く言う

発想の転換

プラスアルファ

人を動かす提案・勧誘表現①

パート仲間たちと食事に行くことに。

でも、なかなかお店が決まらない。

「サクッと決めましょ！」と声をかけよう！

ヒント 「サクッと」はどんな意味を表す？

モデルアンサー

54

① **Let's decide.**
決めましょう。

② **Decide quickly.**
早く決めて。

③ **Don't take too long.**
時間かけないで。

答え方のポイント

「サクッと」=「早く」「すぐ」「今」

「サクッとすまそう」「サクサク進めよう」など、カジュアルな話し言葉は訳すのに戸惑うことがありますよね。でも、要はどんな意味か、と考えればOK。この場合は、「早く決めよう」です。①は、「早く」とは言っていませんが、Let's ～. と促していることから、決断を求めていることは十分伝わります。②は、「早く」を入れた直訳で、実際よく使われる表現。Decide now.「今決めて」でも伝わります。遠慮のない間柄なら、Quick, quick!「早く早く！」と、ちょっと急かすような言い方もよく使います。③は否定の形の表現。何かを決めるときだけに限らず、出かける用意に時間がかかっている人への声かけなどにも使えます。こう言っても、なかなか決められない相手には、I'm very hungry!/I'm starving!「お腹ペコペコだよ！」などと続けて決断を迫りましょう！

55

055

短く言う
発想の転換
プラスアルファ

人を動かす提案・勧誘表現②

やっぱり意見がまとまらない。
「イタリアンにしない？」と
自分から提案してみよう！

ヒント 押しつけがましくない言い方で

モデルアンサー 55

① **Italian?**
イタリアンは？

② **How about Italian?**
イタリアンなんてどう？

③ **Feel like Italian?**
イタリアンの気分？

答え方のポイント

相手の負担にならないように提案する

「『〜しない？』は否定の疑問文だから……」と考えて、Don't you want to eat Italian? が出てきたあなたの英作文力はとても高い！　申し分ありません。一方、Let's go to Italian! が浮かんだあなた、この表現は押しが強く、相手の意向を聞く印象ではなくなってしまうので注意しましょう。この場合は簡単かつ自然な言い回しがあります。それは、①のひと言です。「えっ、これだけでいいの!?」と思いましたか？　はい、いいんです。「語尾を上げて疑問文」方式のシンプルな英語をどんどん使ってください。何かを提案したり意向を聞いたりする場面でさらりと言えて、会話のテンポもよくなります。②のHow about 〜? は提案するときの定番フレーズなので知っている人も多いでしょう。「〜の気分」というニュアンスを入れるなら、③がオススメ。お気に入りの店があれば、I know a nice Italian restaurant.「いいイタリアンレストランを知ってるんだけど」と続けてみましょう。

56 ◁)) 056

短く言う

発想の転換

プラスアルファ

人を動かす提案・勧誘表現③

一時帰国する友人に付き合って、お土産探し。

「これなんかどう？」と聞いてみよう！

ヒント 「どう？」は訳さなくても OK

モデルアンサー 56

① **This one?**
これは？

② **Look at this!**
これ見てよ！

③ **How about this?**
これはどう？

答え方のポイント

「これは？」「見て！」だけで十分！

提案したり相手の意向を確認したりするときの定番は③のHow about ～?「～はどう？」。でも、もっと簡単なのはお目当てのものを指して①のように言う「語尾を上げて疑問文」方式のシンプルな英語。ここで使われるoneは「もの」という意味の代名詞です。省略してThis? の1語だけでも通じます。離れたところのものならThat (one) ?「あれは？」、色違いがあるならThe yellow one?「黄色いのは？」など、いろいろなバリエーションで使えます。また、「どう？」と聞く代わりに②のように注目させるのも手です。Look!「見て！」でも伝わります。Oh, this is good.「わぁ、これいいね」と独り言のように言ってからなら、よりスムーズに相手の注意を引けるでしょう。You like this?「これ好き？」と聞くのも自然な提案&確認の表現。It's a good quality.「クオリティが高いね」など感想もまじえつつ、会話を楽しんでください。

57 057

短く言う
発想の転換
プラスアルファ

人を動かす提案・勧誘表現④

お土産探しでずいぶん歩いた。

「少し休もうか？」と提案しよう！

ヒント 疲れていないかな？　という気配りを

モデルアンサー　57

① **Tired?**
疲れた？

② **Need a rest?**
休憩しようか？

③ **Let's take a break.**
休憩しよう。

答え方のポイント

休憩を促す代わりに「疲れた？」と聞いてもよい

この場合の「休む」は「休憩」のこと。ですから、②のrestや③のbreakを使って「休憩が必要？」「休憩しよう」でOKです。チョコ菓子のCMでHave a break.「休憩しましょう」というフレーズがありますが、それもOK。近くに腰を下ろす場所があれば、Let's sit down.「座りましょう」、Let's sit and rest.「座って休みましょう」などと具体的に言ってもいいですね。もっと簡単に考えて①のTired? だけでも気づかいが伝えられます。We walked too much.「歩きすぎたね」などとつけ加えてもいいですね。ちょっとした変化球としては、Want some coffee?「コーヒーでも飲む？」と言って休憩を促すのもアリです。「まだ大丈夫」と遠慮しがちな人へスマートに提案できます。

58 🔊 058

短く言う
発想の転換
プラスアルファ

人を動かす提案・勧誘表現⑤

「新しくオープンしたカフェ、どうだった?」と

尋ねられた。すごく良かったので「ぜひ行ってみて!」

とオススメしよう!

ヒント 「ぜひ」を少し強い言葉で表現してみよう

モデルアンサー 58

① **Try it!**

行ってみなよ！

② **You should go.**

絶対オススメ。

③ **You'll enjoy it.**

絶対気に入るよ。

答え方のポイント

「ぜひ」の強さは助動詞で表す

「ぜひ」は強く勧める気持ちがこもった表現なので、強い言葉を使うケースが多くなります。そこでぜひ使いたい助動詞が②のshould。You should ～.は、「～するべき」という意味ですが、それくらい自信を持って「絶対に～してみて」と勧めたいときに使える言い方です。You should see the movie.「その映画絶対見て」と言われたら見たくなりますよね。「相手の行動にshouldは押しつけがましいのでは？」と思うかもしれませんが、こういう場面では失礼になりませんのでご安心ください。もっと強い印象のmustでも大丈夫です。You must visit us!「ぜひうちに遊びに来て！」と言われたら本当に歓迎されている感じですし、have to でもOKです。③は未来を表す助動詞を使って「楽しめるよ！」と勧める表現です。①は超シンプルな表現です。テンション高く言うことによって「ぜひ」の気持ちが伝わります。

59 059

短く言う

発想の転換

プラスアルファ

人を動かす提案・勧誘表現⑥

紅葉の季節がやってきた。

「紅葉(もみじ)狩りにでも行きましょう」と

パート仲間を誘ってみよう！

ヒント 「紅葉」は想像以上にシンプルな表現

モデルアンサー 59

① **Let's enjoy the autumn leaves.**
秋の葉っぱを楽しみましょう。

② **Let's enjoy the beautiful leaves.**
きれいな葉っぱを楽しみましょう。

③ **Let's enjoy the colorful leaves.**
カラフルな葉っぱを楽しみましょう。

答え方のポイント

「秋の葉っぱを楽しむ」と考える

Hanami「お花見」は、最近では海外の人にも人気となってきましたが、「紅葉狩り」を知っている人は「通」な部類かもしれません。こういうときは「何をするのか」を端的に伝えましょう。①は直球の「秋の葉っぱを楽しもう」という意味です。ここで大事なのはgo and see「見に行く」ではなくenjoy「楽しむ」と表現している点です。紅葉を愛でる文化的背景がない相手にも、秋の葉は楽しむ対象であることがわかります。②のように言えば「葉の美しさ」を楽しむのだな、と伝わります。③はより具体的に「色合いを愛でる」ことがわかります。紅葉は英語でred and yellow leavesと言いますので、これを使えたら英語圏の人はよりピンとくるでしょう。「?」となっている相手には、It's Japanese culture. We enjoy autumn in this way.「日本の文化です。私たちはこんなふうに秋を楽しみます」などと説明するといいですね。

短く言う

発想の転換

プラスアルファ

60 🔊 060

人を動かす提案・勧誘表現⑦

1日ガイドの昼食時間。オススメを聞かれたので

メニューを指さし

「これ、絶対オススメ！」と言おう！

ヒント それを勧める超シンプルな理由は？

モデルアンサー

60

① **This is the best!**

これが一番！

② **You must try this!**

絶対オススメ！

③ **You'll love it!**

絶対気に入るわよ！

答え方のポイント

「絶対オススメ」=「一番いい」

こういう場合はrecommendを使ってI definitely recommend this.「これは絶対にオススメです」などと言いますが、スラスラ言える人は少数派でしょう。一番いいと思っているものを勧めるのですから、①のようにbestを使って言うことができます。指さしながら言えば、The best.だけでも伝わります。②は相手に何かを勧めるときの定番フレーズです。「マストアイテム」という表現は日本語でも見かけますが、mustは「絶対」「ぜひ」という意味合いでよく使います。mustには「義務」の意味があるので「強制するようで相手に失礼なのでは」と心配する人もいますが、この場面なら無理強いする感じはありませんからご安心ください。③も相手の好みに合いそうなものを勧めるときなどに、シンプルで気持ちの伝わる表現です。You won't regret it.「後悔しませんよ」と続けて背中を押してあげましょう。

ビジネス英語を話す際の心得とは？

ビジネス英語というと、何やら特別で難しいものだという印象を持つ人が多いのですが、取り扱う話題が仕事であるというだけで、ほかの英語と大きな違いがあるわけではありません。むしろ、日常英会話のようなどんなことでも話題になり得るものよりも、仕事の話題に特化したビジネス英会話のほうが、ある意味ずっと簡単ではないかとさえ思います。ビジネス英語で苦労している方々、希望がわいてきましたか？　ただしこれは、自分の業務に関係する英語はある程度知っていることが前提です。自社の特長やサービスを説明するための語彙やフレーズは、とにかく一刻も早く覚えてしまいましょう。それだけで、ビジネス英語のハードルはぐっと下がります。

ビジネス英語では、できるだけ明確な言葉を使い、あいまいな表現を避けることが大切です。あいまいとは例えば、Maybe「多分」、It seems ～.「～らしい」、I feel ～.「～と感じる」のような表現。このような表現は柔らかい印象を与えるので、コミュニケーション的には一見よさそうですが、あとで「言った・言わない」になり、もめる可能性があります。特に意図がないのであれば、互いの認識にズレが生じないよう、ぜひ明確な言葉を使う習慣をつけてください。まだ決まっていないのに、Maybe we will do it.「多分するだろう」と言うと、相手は期待します。明確に、We haven't decided.「まだ決めていない」と言ったほうが、クリアだと思いませんか？　明確な言葉を使うことは自信の表れであり、相手にも安心感を与えるのです。

言葉づかいでもう1つ。「パワーワード」を使えるようになりましょう。パワーワードとは、自分の主張を効果的に伝えて印象づけたいとき、意図的に選択する言葉です。例えばThis is our new product.「これは弊社の新しい商品です」よりも、This is our latest exciting product.「これは弊社の最新で素晴らしい商品です」と表現するほうが、ずっとアピール力があります。ここでは、latestとexcitingがパワーワード。より前向きで、力強いエネルギーを感じませんか？交渉やプレゼンの場面で使うと、がぜん威力を発揮します。日ごろから語彙に敏感になり、使えそうなものを仕入れておきましょう。

最後に、地味ながらとても大切な心得は、相手の話に不明点があったら、必ずその場で確認をするということです。You mean ～.「つまり～」、Can you simplify that?「易しく説明してくださいますか」と、臆さず堂々と言ってください。相手に悪いなどと思う人がいますが、話を正確に理解しようとする態度は、逆に相手から信頼されます。また、自分の英語が相手にきちんと伝わったのかを確認することも忘れずに。最後にAm I clear?「私の説明わかりましたか？」とつけ加えると、相手も質問しやすくなります。

ビジネス英語は、自分の仕事（テリトリー）にだけ集中することができる、いわば一番身近な英語です。仲良く根気よく付き合い、1日も早く頼もしい味方にしてしまいましょう！

Practice makes perfect!（継続は力なり！）

Go next...

61 🔈 061

短く言う

発想の転換

プラスアルファ

人を動かす提案・勧誘表現⑧

友人とイングリッシュパブに来た。

前回ごちそうしてもらったので、

今日は「おごるよ」とお返ししよう！

ヒント 「おごるよ」をストレートに言うと？

モデルアンサー

61

① **I'll pay.**
僕が払うよ。

② **I'll buy you a drink.**
一杯おごるよ。

③ **I'll treat you.**
ごちそうするよ。

答え方のポイント

「おごる」=「私が払う」がシンプル

「おごる」は、「ごちそうする」や「招待する」など日本語でも言い方はいろいろですが、英語も同じ。「おごる」=「自分がお金を払う」と考えると①になります。仲間内で使うストレートな表現です。Let me pay.「僕に払わせて」という言い方もよく使われます。伝票をさっとつかんで、このフレーズを言えたらカッコいいですね。②は、buy「買う」を使った、カジュアルな表現。「飲み物を買うよ」=「一杯おごるよ」です。a drinkは多くの場合アルコールを意味するので、ほかの飲み物の場合は、I'll buy you a coffee/a juice.と飲み物の種類を入れてください。I'll buy you lunch.と言うと「ランチをおごるよ」になります。「ごちそうする」の定番フレーズは、③のtreat「もてなす」を使った表現。「あなたを招待します」といったニュアンスです。そのほか、It's my treat.やIt's on me.も定番の表現です。短いのでぜひ使ってみてください。

短く言う

発想の転換

プラスアルファ

62

🔊 062

日常会話を彩る意見と感想表現①

美術展に行ったが、大混雑。

同僚に感想を聞かれて

「すごく混んでた」と答えよう！

ヒント　混んでいる状況を思い浮かべよう

モデルアンサー 62

① **So many people!**

すごい数の人だった！

② **Too many visitors!**

人多すぎ！

③ **Very busy!**

すごく混んでた！

答え方のポイント

「混んでいる」＝「人がたくさん」と考える

「混んでいた」と言うなら、形容詞のcrowded「混雑した」を使ってVery crowded.と言うのが一般的ですが、もしとっさに出てこなければ、「人が多かった」ことを言えばいいのです。①や②で過不足なく伝わります。知っておくとお得なのは③。busyにはおなじみの「忙しい」のほかに「にぎやかな、混雑している」といった意味があります。The roads were busy.「道が混んでいた」、a busy street「にぎやかな通り、繁華街」などと使います。ほかには、It was packed! と言うと「ぎゅうぎゅう詰め状態！」のこと。「寿司詰め」という日本語がありますが、英語の慣用句にもpacked like sardines「イワシの缶詰のようにぎゅうぎゅう詰め」というものがあって、東京の通勤電車を説明するときによく使われます。I was surprised.「びっくりしたよ」、I waited for two hours to get in.「入るのに2時間待ったよ」など感想や具体的な状況を加えるといいですね。

63 063

短く言う
発想の転換
プラスアルファ

日常会話を彩る意見と感想表現②

待ち合わせに遅れたことのない友人。
隣にいる友人に「彼はいつも時間厳守だよね」
と言ってみよう！

ヒント　時間厳守の人がとる行動とは？

モデルアンサー

63

① **He is always on time.**
彼はいつも時間通りだよね。

② **He is never late.**
彼は絶対に遅れないよね。

③ **He keeps his promises.**
彼は約束を守るよね。

答え方のポイント

「時間通り」=「絶対遅れない」「約束を守る」でOK

時間厳守の人を表現する場合は、He is punctual.「彼は時間に正確だ」という言い方が一般的です。もう1つの定番は①の表現です。定番表現が出てこなくても、②のようにlate「遅れた」という逆の意味の単語を否定して「絶対遅れない」と言えば、すなわち「時間通りだ」と伝わりますね。③は「約束を守る」ということで「決められた時間を守る」ことがわかります。そのほか、知っておくと便利なのは、He is a good timekeeper.「彼は時間に正確だよね」という言い回し。日本語でもテレビの制作現場や舞台、講演会などで進行を管理する人をタイムキーパーと言いますが、文字通り「時間を守る人」のことを英語でgood timekeeper（逆はbad timekeeper）と言います。ちなみに、日本語では「彼は時間にルーズだ」と言いますが、英語では時間にlooseは使いませんのでご注意ください。

64 064

短く言う
発想の転換
プラスアルファ

日常会話を彩る意見と感想表現③

「管理職にはなりたいけど、
部下の面倒を見るのは嫌」と言う同僚。
「それ矛盾してない？」とツッコミを入れよう！

ヒント 「理解不能」と考えると表現しやすい

モデルアンサー

64

① **It's impossible.**
そりゃ無理でしょ。

② **I don't understand.**
意味不明だよ。

③ **It's not logical.**
それは筋が通らないよ。

答え方のポイント

「矛盾」=「不可能」「理解できない」でOK

「矛盾」は相反することや両立しない状態のこと。英語ではこのようなときIt's contradictory.「矛盾してるよ」と言います。irrational「不合理な、分別のない、ばかげた」なども使います。どちらも難易度の高い単語ですから、出てこなければ発想の転換で表現してみましょう。①は「矛盾」=「不可能」という発想で、相手の甘い考えをバッサリ切り捨てた表現。②は「理解できない」と言うことで「何バカなこと言ってるの」と匂わせているもの。論理的なことを日本語でも「ロジカル」といいますが、③はlogicalの否定で「筋が通らないよ」とした表現です。ほかにも、「やらなきゃ(ダメでしょ)」でYou must.やYou have to. など、またYou can't be a manager.「(そんなこと言ってるんじゃ)管理職にはなれないよ」、It's the manager's job.「それが管理職の仕事でしょ」など「矛盾」という単語を使わずに矛盾を諭す方法はさまざまです。

65 065

短く言う
発想の転換
プラスアルファ

日常会話を彩る意見と感想表現④

友人とガールズトーク。

わがままな同僚女性について文句を言う友人に

「もう、無視しときなよ」と言ってみよう！

ヒント 「無視する」とは要するにどういうこと？

モデルアンサー

65

① **Don't listen to her.**
話を聞かなきゃいいよ。

② **Don't pay attention.**
気にしないでおきなよ。

③ **Just leave her alone.**
放っておけば？

答え方のポイント

「無視」＝「聞かない」でOK

そのまま訳すならJust ignore her.ですが、ignore「無視する」もなかなか出てこない上級者向けの単語です。そんなときは「無視」＝「聞かない」ととらえて、①のように易しい単語で表現すればOK。ここで注意したいのは、「自然に耳に入ってくる」場合のhearではなく、「意識して耳を傾ける」場合のlistenを使う点です。「無視する」＝「会わない、一緒にいない」と考えてDon't meet her.やStay away from her.と言ってもいいでしょう。クラスメイトや職場の同僚では無理ですが、交流するか否かを選べる関係なら、このアドバイスも有効ですね。②は「注意を払わない」で「無視」とほぼ同じ意味を表現しています。③は、こういう場面でよく使う言い回しなので知っておくと便利。Leave me alone.と言うと「放っといて」「一人にして」の意味になり、こちらもよく登場する口語表現です。

66 O66

短く言う
発想の転換
プラスアルファ

日常会話を彩る意見と感想表現⑤

パート仲間と休日にショッピング。

「それのどこが気に入ったの？」と聞かれたので

「なんとなく……」と答えてみよう！

ヒント　理由がないことがポイント

モデルアンサー

66

① **I just like it.**
なんとなく好きなの。

② **Somehow I like it.**
なぜか好きなの。

③ **No reason.**
理由なんてないわ。

答え方のポイント

「なんとなく」＝「理由はない」でOK

何でもはっきり伝える英語では「なんとなく」なんて表現できないのではと思う方もいるかもしれませんが、いえいえ、この手の会話は英語圏でもよく交わされます。「なんとなく」は感覚的に好きということですから、①のようにjust「ただ、なんとなく」を使って「なんとなく好き」と言えばOKです。理屈ではなく心で感じたことを表現するとき便利な単語です。②のsomehow「どういうわけか、なぜだか」もjustと同じような効果のある言葉。somehowは文頭か文末につけるのがポイントです。③は「なんとなく」＝「理由がない」ととらえた言い方で、I have no reason.の省略形です。さらっとこう答えられたらカッコいいですね。ほかにも、I don't know why.「なぜだかわからないけど」、I can't explain.「説明できない」と言ってもOKです。堂々と答えましょう！

67

067

短く言う

発想の転換

プラスアルファ

日常会話を彩る意見と感想表現⑥

友人と雑談中。「ストレスがたまったら

何で解消する?」と聞かれたので

「時と場合によるね」と答えてみよう!

ヒント 場面によって「変化する」ということ

モデルアンサー

67

① **It depends.**
時と場合によるね。

② **It changes.**
変わるからねえ。

③ **Each time is different.**
毎回違うからねえ。

答え方のポイント

「時と場合による」＝そのときどきで「変化する」「違う」

「時と場合による」は答えをにごせる便利な表現ですね。定番表現の①はIt depends on the situation.「そのときの状況次第」の省略形です。こう言ったあとでFor example... と考えながら答えることもできますね。It depends. が出てこなくても、②のように「(状況はいろいろだから)変わる」と考えればOKです。It can change. と言うと「変わることがあるからなぁ」となり、よりあいまいなニュアンスに。③の「そのときどきで違う」もシンプルで伝わりやすい表現です。「たくさんの選択肢がある」と発想してMany choices. と考えた人もいい線を行っていますが、こちらは選択肢の明確なイメージがすでにいくつもある印象です。あいまいさを出すならMany possibilities. がグッド。ほかに、Not only one.「1つだけじゃない」、I can't choose one.「1つだけ選べない」のような表現もできます。状況次第で上手に使い分けましょう。

短く言う
発想の転換
プラスアルファ

68

068

日常会話を彩る意見と感想表現⑦

話題の映画を見たと話したら、感想を聞かれた。
「ぶっちゃけ、面白くなかった（it was boring）」と
言ってみよう！

ヒント 「うそじゃない」ことを強調する

モデルアンサー 68

① **Honestly,**
正直言うと、

② **Frankly,**
率直に言って、

③ **Actually,**
実のところ、

答え方のポイント

「ぶっちゃけ」＝「正直言うと」「率直に言うと」「実は」

「ぶっちゃけ」は、「隠さずに言うと、洗いざらい話すと」ということ。ですから、「正直に言うと」と考えて、①のHonestly,「誠実に、正直に」がピッタリです。「率直に」という意味のFrankly,を使った②の表現もできますね。日本語でも「フランクに話す」などと言いますが、いわゆる「ざっくばらん」とか「つつみ隠さず、ずばり」ということです。ちなみに、Frankly,もHonestly,も、後ろにspeakingをつけて、Frankly speaking,、Honestly speaking,と言っても構いません。③は、「実は、本当のことを言うと」という意味で、何かを打ち明けたり暴露したりするときに便利な表現です。「いや、実はさ～」というイメージです。Actually,のほかには、In fact,という表現もあります。いずれも、最初の語のあとに少し間をおいて話すのがコツです。

69 069

短く言う

発想の転換

プラスアルファ

日常会話を彩る意見と感想表現⑧

観光客との雑談で、お互いの趣味の話になった。

「ゴルフにハマっているのよね」と説明しよう！

ヒント 嫌いだったらハマらないはず

モデルアンサー　69

① **I love golf.**
ゴルフが大好きなの。

② **I often play golf.**
ゴルフをよくやるのよ。

③ **I can't stop playing golf.**
ゴルフ、やめられないのよね。

答え方のポイント

「ハマっている」＝「大好き」「よくやる」と考える

夢中になって抜けられない状態を「ハマる」と言いますが、英語にも同じような表現はあります。be crazy about 〜 のほかに、be into 〜 や洋服を壁に掛けるフックをイメージさせるbe hooked on 〜 、「とりこになる」という意味合いになるbe addicted to 〜 という言い方もあります。でも、これらの表現が思い出せなければ、①のように「大好き」で伝わり、会話のテンポもよくなります。②のように頻度に言及してハマり具合を伝えることもできます。I play every weekend.「毎週末やってるのよ」やI want to play every day!「毎日やりたい！」と具体的に言うとより伝わりやすくなります。③は「やめられない」と言うことで「ハマっている」と伝える表現。お行儀よく言いたいならGolf is my favorite hobby.「ゴルフが一番の趣味なの」辺りもいいですね。It's good for my health.「健康にいいのよね」とつけ加えたり、相手の趣味を聞いたりすれば会話が広がります。

70 070

短く言う
発想の転換
プラスアルファ

日常会話を彩る意見と感想表現⑨

地下にあるお店に入ると、スマホが圏外になっていた。

「ここ、圏外だ」とつぶやいてみよう！

ヒント 「圏外」だとスマホはどうなる？

モデルアンサー 70

① **I can't use my phone here.**
電話が使えないな。

② **The phone is useless here.**
電話が役に立たない。

③ **No signal here.**
電波がない。

答え方のポイント

「圏外」=「電話が使えない」ということ

携帯電話が普及して「圏外」という日本語もすっかり定着しました。英語では、out of rangeまたはno receptionと表現しますが、これはなかなか出てきませんよね。要は電話が使えないということだな、と考えて①が言えた人は、英語での発想の転換が身についてきていますね！ hereを入れることで電話の故障ではなく「『ここでは』(電波が届いていないから)使えない」つまり「圏外」ということが過不足なく伝わります。「電話」を主語にした②やsignal「電波」を知っていると出てくる③の表現でもOKです。「電波」と考えてwaveがひらめいた人、惜しいです！ ラジオの電波にはwaveも使いますが、電話の場合はsignalが一般的。ちなみに、電波の状況を示す表現には、アイコンの形からI have only one bar.「1本しかない(から電波が悪い)」やI have three bars.「3本立ってる(から電波状態がいい)」といったものもあります。

71 071

短く言う
発想の転換
プラスアルファ

とりあえずのひと言、合間つなぎ表現①

友人に「仏教と神道ってどう違うの？」と聞かれた。「ええと……何と言うか……」と時間稼ぎをしよう！

ヒント　「ええと……」をひと言で言うと？

モデルアンサー

71

① **Well,**
ええと……、

② **What can I say,**
何と言うのか……、

③ **I don't know what to say,**
何て言えばいいのか……、

答え方のポイント

つなぎ言葉をためて時間稼ぎする

質問に対してなかなか言葉が出てこない、英会話でしばしば起こるシーンです。そんなときに一番まずいのは、黙ってしまうこと。英語圏では、「しゃべらない」＝「話すことがない、意見がない」と思われることが多々あります。なので、「話したいけれど英語が出てこないから待っていてほしい」ということを伝えなければいけません。そんなときに場をつなぐフレーズは、使う機会も多いので覚えてしまいましょう。①はカンタンかつネイティブもよく発する、場つなぎの王様とも言える一言。②と③はどちらも文字通り、何と言ったらいいか迷っていることを表現しています。これらを有効に活用するためのコツは、「ワァ〜ッキャナァ〜イセェェ〜ィ……」とできるだけゆっくり、ためて言うこと。考え中であることが伝わります。①から③を3連発で使ってもOK。そうしているうちに、英語が出てきたり、相手が助け船を出してくれたりすることもありますよ。

72 072

短く言う
発想の転換
プラスアルファ

とりあえずのひと言、合間つなぎ表現②

ガイド中の観光客から少し難しい質問をされた。

頭の中で答えをまとめつつ

「ええと、そうですね……」と間をつなごう！

ヒント 「今考え中」で伝わる

モデルアンサー 72

① **Let's see....**
ええと……。

② **I'm thinking.**
考え中です。

③ **Just a minute.**
ちょっと待ってね。

答え方のポイント

「考えてます」「ちょっと待って」と伝えよう

こちらはちょっとレベルの高い場つなぎフレーズです。会議で意見を求められたり、ややこしい質問に答えたりするときに、「複雑なので話をまとめてから話しますね」というニュアンスを伝えられます。言い方に気をつけたいときなどに、言葉を選ぶための時間稼ぎにもなります。日本語でも考えるときに条件反射で「ええと……」と言いますが、それにあたるのが①。Let me see.やLet me think.「ええと、そうですね……」も同様です。②のようにシンプルかつダイレクトに「考え中」と言うこともできます。③もシンプルに「ちょっと待って」と伝えることで、考える時間が必要なことがわかります。Give me one minute.「1分ください」も同じ意味です。相手を待たせるわけですから話す内容のハードルが上がりますが、まずはひと息入れて落ち着きましょう。It's difficult to say.「説明が難しいなあ」などとつけ加えれば、相手によっては気をつかってフォローしてくれるかもしれませんね。

73 073

短く言う

発想の転換

プラスアルファ

とりあえずのひと言、合間つなぎ表現③

プレゼン後、するどい質問が飛んできた。

まずは「それは難しい質問ですね」と答えよう！

ヒント 「難しい」の表現を工夫してみよう

モデルアンサー 73

① **Difficult question!**
難しい質問ですね！

② **Good question!**
いい質問ですね！

③ **Hard to answer.**
答えるのが難しいです。

答え方のポイント

まずは質問の感想を言う

プレゼンや発表のあとの質疑応答で質問に答える際、欧米ではまず、質問そのものに対する感想を述べることが結構あります。これは、回答を含めたそのあとのやり取りを有利に進める戦術でもあります。考えをまとめる際の時間稼ぎにもなるので、活用してみてください。①と③は日本語の直訳です。②は難しい質問やいじわるな質問をされたときの定番フレーズ。「(目のつけ所の)いい質問ですね」と相手の指摘を称賛しつつ、「それについてはこちらも気づいてますよ」という態度を示すこともできます。内心は気づかず大あわてだとしても、まずはこう言えば時間稼ぎになります。そのほか、Tough question!「手ごわい質問ですね！」、I need time to answer.「答えるのに時間がいりますね」、Please give me some time to think.「少し考える時間をください」などと答えてもいいですね。

74 🔊 074

短く言う
発想の転換
プラスアルファ

とりあえずのひと言、合間つなぎ表現④

近所に新しいシェアハウスができるといううわさ話。

「いつ？」と聞かれたので、

「定かではないんだけど……」と前置きしよう！

ヒント 「定かではない」→「確信がない」、ということは？

モデルアンサー 74

① **I don't know.**
わからないなあ。

② **I heard....**
聞いたんだけど……。

③ **I'm not confident.**
自信はないんだけど。

答え方のポイント

「定かではない」=「わからない」でOK

うわさ話やまた聞きの話などで、カジュアルに「〜らしいよ」、丁寧に「定かではないのですが」などと言うときの表現です。「定かではない」は要するに「わからない」と考えればいいので、一番シンプルなのは①の表現です。こう言ったあとで、maybe...と続ければ、「うわさや推測レベルの話」だとわかります。同じようなフレーズで定番のものとしてはI'm not sure.「よくわからないけど」もあります。②のように言えば、聞いた話であることが具体的に伝わります。Everyone says...「みんな言ってるけど……」という表現も同じように使えます。③はconfident「自信がある」を知っている人は出てきたかもしれませんね。「確信している」という意味になるので、肯定文にすれば確実な情報だと太鼓判を押すときに使えます。

75

075

短く言う
発想の転換
プラスアルファ

角が立たない頼みごと・頼まれごと表現①

中国語でメールを書かなければならなくなったが、

中国語はできない。同僚に

「お願いがあるんですが……」と相談しよう！

ヒント　助けを求める表現が使える

モデルアンサー 75

① **Please help me.**
助けてください。

② **I need your help.**
あなたの助けが必要なんです。

③ **Could you do me a favor?**
お願いを聞いていただけますか？

答え方のポイント

「お願いがある」＝「助けて」とシンプルに表現しよう

「お願い」からrequest「要求、リクエスト」が浮かんで、I have a request.「リクエストがあります」の一文が出てきた人。これでも伝わるのですが、かなり単刀直入なので、言われたほうはギョッとするかもしれません。発想のコツは、直訳するよりも意味（気持ち）を伝えること。①のように、「お願いがある」＝「助けてほしい」という気持ちを表現すると柔らかくなります。これも単刀直入な表現ですが、Pleaseを使うことで「お願い」の姿勢が示せます。Can you ～? を使って、Can you help me?「助けてくれる？」という疑問文にすると丁寧度がアップします。「あなたの助けが必要」というストレートな表現の②もOK。③は、頼みごとをするときの定番表現です。favorは「親切、好意」で、do me a favorで「私の願いを聞いて」という意味です。Could you ～? をつけると、より丁寧でカンペキな「お願い」ですね！

76 076

短く言う
発想の転換
プラスアルファ

角が立たない頼みごと・頼まれごと表現②

カフェテリアが混んでいるので、買う人と
席を取る人に役割分担。友人に
「席を確保しておいて！」と頼んでみよう！

ヒント この場合の「席」は英語では table

モデルアンサー 76

① **Please get a table.**
席取っといて。

② **Can you find a table?**
席を見つけておいてくれる？

③ **Can you secure a table?**
席を確保しておいてくれる？

答え方のポイント

「確保」=「手に入れる」「見つける」と考えよう

「確保する」は一見難しそうですが、「取る」「見つける」と考えれば簡単です。日本語でも「ゲットする」と言いますが、①のようにget a table「席を取る」と表現できます。getはとても便利で、I'll get drinks.なら「飲み物を買う(=buy)」という意味です。「席を見つける」と考えるなら「探して見つける」という意味がある、findを使った②がぴったり。混雑の中から探し出すイメージになります。③のsecure a tableは文字通り「席を確保する」の意味。security「セキュリティ(無事、安全)」は日本語でも定着していますが、secureはその動詞で、「無事に(席を)確保する」というニュアンスです。ちなみに、英語のseat「席」は映画館や乗り物などの「座席」を指します。レストランやカフェなど飲食を目的とした場で「席」と言いたいときはtable。ただしカウンター席などはseatを使います。使い分けできるとスマートですね。

短く言う

発想の転換

プラスアルファ

77 077

角が立たない頼みごと・頼まれごと表現③

「手伝ってほしいことがあるんだけど」と

声をかけられたが、仕事が立て込んでいる。

「ちょっと今手が離せないんだ」と辞退しよう。

ヒント 「手が離せない」を易しく言い換えると？

モデルアンサー 77

① **I'm also busy now.**
僕も今忙しいんだ。

② **I don't have time now.**
今は時間がないんだ。

③ **I'm doing something now.**
今取り込んでる最中なんだ。

答え方のポイント

「今、忙しい」とシンプルに伝える

「手が離せない」という日本語の言い回しは、直訳では通じません。「手が離せない」とは「忙しい」ということ。ですから①のようにbusyを使えばよいのです。I'm busy now. だけだと「忙しいから無理」という冷たいニュアンスになりますが、alsoを入れると「僕もあなたと同じく忙しくて……」となり柔らかい印象に。②は「忙しい＝時間がない」と発想した表現です。much「多くの」を入れて、I don't have much time. と言うと、「あまり多くの時間がない」となり、少し柔らかくなります。③は直訳すると、「今何かをしている最中」つまり「取り込み中」ということ。だから「手が離せない」のですね。この中では一番間接的な表現です。こんなふうに、頼まれごとを断るときは、「手伝いたいのだけど……」という気持ちを含んだ表現を使うのが、相手とのよい関係を保つコツです。①から③はいずれも、突き放した感じにならないよう、ソフトに言うことを忘れずに。

78 078

短く言う
発想の転換
プラスアルファ

角が立たない頼みごと・頼まれごと表現④

大がかりなパーティーの会計係を頼まれた。
気乗りしないので、「微妙かも……」
とやんわり断ろう！

ヒント 「微妙」の真意は「やりたくない」ということ

モデルアンサー 78

① **I'm not sure.**
わからないな。

② **Maybe difficult.**
難しいかも。

③ **I can't promise.**
約束はできないな。

答え方のポイント

「ノー」と言わずに断るときの定番は「わからない」

「微妙」を意味する英語にはdelicateやsubtle「繊細な、ほのかな」がありますが、この場面には合いません。ここでの「微妙」は、はっきりとは断りにくいものの、要するに「やりたくない」の意味ですね。こんなときは後ろ向きな表現でNo.と言わずにやんわりと断る言い方を考えてみましょう。①はシンプルに「わからない」という方法。こう言うだけで「やりたくない」気持ちが伝わります。I don't know.と言ってもOK。言いにくそうにトーンダウンして言うと効果的です。②はdifficult「難しい」と言うことで間接的に「できない」と伝える表現。Maybe「かも」をつけることで柔らかさも出ます。Might be difficult.とも言えますが、こちらは断るトーンが少し弱りますのでご注意ください。③は「約束できない」とあいまいにした表現です。YesともNoとも言っていないところは①と似ていますね。相手にこう言われたら、当てにできないと思いましょう。I might be busy.「忙しいかも」なども有効です。

79 🔊 079

短く言う
発想の転換
プラスアルファ

喜びを倍増させるほめ言葉・ねぎらい表現①

パート仲間の留学生、

日本での就職が決まったそうだ。

「やったね！」と一緒に喜ぼう！

ヒント　シンプルに「素晴らしい！」とほめよう

モデルアンサー 79

① **Great!**

すごい！

② **Good job!**

素晴らしい！

③ **You did it!**

やったじゃない！

答え方のポイント

「やったね！」は「すごい！」「素晴らしい！」でOK

「やったね」＝「すごい」と考えると、グッと英語にしやすくなります。「すごい」で思いつく一番シンプルな表現は①のGreat!ではないでしょうか。日本人の感覚だと少しオーバーだと思うかもしれませんが、英語ではこのくらいはっきり言わないと、気持ちが伝わらないことがあります。ほかにExcellent!、Brilliant!、Superb!、Fantastic!などもすべて「すごい！」と言うときに使えます。②は「素晴らしい働き（行動・功績）」という意味で、こちらもよく使われるフレーズです。ただ、目上の人には使わないので注意しましょう。jobは「仕事」というよりも成しとげたことそのものを指します。GoodをGreatに変えてGreat job!と言うこともできます。「やったね！」の直訳のような③は、実は定番の言い回しです。テンション高く、didを強く高く発音するのがコツです。You made it! も同様に使えます。

短く言う
発想の転換
プラスアルファ

80 080

喜びを倍増させるほめ言葉・ねぎらい表現②

外国に来て、学業とアルバイトを両立し
就職まで決めるなんて、本当に感心する。
「頑張ってたもんね」とねぎらおう！

ヒント 「頑張る」は「働く」で表すことができる

モデルアンサー

80

① **You worked so hard.**

一生懸命頑張ったよね。

② **You tried very hard.**

一生懸命トライしたよね。

③ **You did great.**

最高に頑張ったよね。

答え方のポイント

「頑張る」はworkで表せる

workは「働く」という意味以外にもいろいろ使える便利な言葉で、頑張って何かをやりとげたときにピッタリの表現です。スポーツの練習をしたときも、やっと宿題を終わらせたときも、1日かけて部屋の模様替えをしたときも、全部①の表現でねぎらうことができます。so はvery「とても」と同じ意味でworkを強調しています。so hardの代わりに、so much「とてもたくさん」やreally hard「本当に一生懸命に」と言うこともできます。「頑張った」と言うときに使えるもう1つの表現は②のtry hard。文字通り「トライする、頑張る」です。①はso、②はveryの部分を強く高く発音するのがコツ。ハイテンションで言いましょう。さらに、シンプルかつ使い勝手がいいのはdo「する」の過去形を使った③の表現です。「やりとげる」というニュアンスを持ち、あらゆる動作・行為に対して使える汎用性の高い動詞で、greatと一緒に使うことで「すごく頑張った」という意味になります。

Tea Break

ロンドン時代の思い出
――ブレークスルーはこうして訪れた

「相手の言っていることはわかるのに英語が出てこない」「TOEICスコアは高いのに話せない」など、多くの英語学習者が同じような悩みを持っています。まだまだ勉強が足りないせいだと思っている人は多いのではないでしょうか。基礎的な英語力はもちろん必要ですが、私は、それだけが英会話能力の差を決定づけるとは思いません。何が会話力アップのキーになるのでしょうか。ここでは、私が手ごたえを感じた経験をいくつかご紹介します。

20代のころ、ロンドンに住んでいました。しばらく語学スクールに通っていたのですが、ここで大きなカルチャーショックを受けました。クラスメイトはみな留学生で、とにかくよく話すのです。ブロークンな英語でも、どんどん質問し意見を言います。複数の人が同時に発言し、クラス内は大にぎわい。当時の私はその勢いについていけず、「勝手に話すなんてルール違反」「人の話は最後まで聞くべき」「私だって意見くらい言える」などと思っていました。

しかし気づいたのです。このままでは自分は「存在しない人」になってしまうと。そのときから、無理にでも発言するようにしました。指名されなくても何か言う。とにかく一言でも発する。その結果、「シュウコは日本人なのによく話す」と言われるまでになりました。

これは私の英語が上達したからというより、話す勇気と必死さを持てたからです。中途半端な気づかいをやめ、受動から能動へと大きく方向転換した瞬間でした。

当時のイギリスでは、学生ビザを所持し届け出れば、アルバイトをすることが可能でした。テレビ番組制作のコーディネーターをしたときのことです。日本から来た制作スタッフとイギリス人出演者の間の通訳をしたのですが、現場は常に忙しくスピードを求められる環境でした。そこで、発言はShort & Simple（短くシンプルに）しかないと確信。例えば、Could you keep standing there?「そこに立ったままでいていただけますか？」と言うべきところを、Stay there.「そのままで」と短く変換。瞬時に伝わりました。

逆のパターンもあります。必要であれば指示がなくても、そのシーンの背景知識など、プラスアルファの説明をしました。出演者はより詳細に状況を把握することができ、撮影がスムーズに進みました。送迎担当のドライバーさんとも、情報の共有に努めました。彼は指示通りにあちこち走り回るだけだったのですが、私はあえて、その場所に立ち寄る理由、撮影内容、所要時間などを説明。すると、より効率よく回れる順番があるとのことで、かなりの時間短縮に貢献してくれたのです。「伝える必要がない」という勝手な思い込みは、あらゆるチャンスを逃すのだと痛感した出来事でした。

これらの経験から私が確信したのは、「英語力だけがすべてではない」ということです。それを使いこなす「運用力＝伝える力」がないと、コミュニケーションどころか、すれ違いさえ起こる可能性があります。ミスを恐れず堂々と、勇気を持って発信してください。あなたのブレークスルーは、もうすぐそこです。

Utilize your English!（英語を運用しよう！）

Go next...

81 081

短く言う
発想の転換
プラスアルファ

喜びを倍増させるほめ言葉・ねぎらい表現③

ガイドで着物の着付け体験。
「よく似合ってるじゃない」と
ほめてみよう！

ヒント とても素敵、完璧！とほめてみよう

モデルアンサー 81

① **You look great.**
すごくステキ。

② **Perfect!**
カンペキ！

③ **It looks good on you.**
それ、似合ってるわよ。

答え方のポイント

「似合う」＝「すごくステキ」と考える

「似合っている」は「ステキに見える」と考えられますから、①の表現で過不足なく伝わります。このlookは「見る」ではなくYou look young.「若く見えるよ」などと使う「見える」という意味です。②はたった一言でも、ほめ言葉としてまさにカンペキな表現。Wonderful!「素晴らしい！」、Beautiful!「美しい！」、Terrific!「ステキ！」なども言われてうれしいフレーズです。このシーンでの定番表現は③のlook good on you「あなたに似合う」。洋服だけでなく、アクセサリーや時計など、身につけるものなら何にでも使えます。初対面の相手に、Your tie looks good on you!「ネクタイが似合ってますね！」とひと言つけ足したら、コミュニケーションもうまくいきそうです。なお、手袋や靴など、2つで1セットのものは主語を複数形にしてThey look good on you.となります。

82

082

短く言う
発想の転換
プラスアルファ

喜びを倍増させるほめ言葉・ねぎらい表現④

大事なプレゼンを成功させた同僚。

「お疲れさま！」とさわやかにねぎらおう！

ヒント 「お疲れさま」の具体的な気持ちを表現してみよう

モデルアンサー 82

① **Great presentation!**
素晴らしいプレゼンだったよ！

② **Great work!**
素晴らしい仕事だったよ！

③ **You did great!**
よくやった！

答え方のポイント

「プレゼン」が「素晴らしい」と具体的にほめる

日本語の「お疲れさま！」は万能ですが、英語にはこれにあたる決まり文句はありません。「何」が「どう」なのか、具体的に伝える必要があります。この場合は、プレゼンを成功させたことをねぎらうわけですから、「素晴らしいプレゼンだった！」と①のように言うのがシンプルかつ具体的で、相手の仕事をきちんと見て評価していることが伝わります。goodでは足りないので、greatを使って思い切り称えてください。ほめるときは惜しみなくほめましょう。I felt your passion!「情熱を感じたよ！」など、感想を加えられたら、相手もうれしいでしょう。presentationの代わりにworkを使って②のように言うこともできます。こちらはプレゼンに限らずあらゆる仕事に使える便利なフレーズです。③は成功したり達成したりしたときの慣用句で、こちらも幅広く使えます。うまくいかなかったときでも、You did OK. やYou did all right. と言って頑張りをねぎらうことができます。

83

🔊 083

短く言う
発想の転換
プラスアルファ

「？」をクリアにする質問・確認表現①

ぼーっとしていて、相手の話を聞き逃してしまった。

「今、何て言いました？」と確認しよう！

ヒント 「何て言いました？」をそのまま訳してみよう

モデルアンサー

83

① **Sorry, what?**
ごめん、何かしら？

② **You said?**
何て言ったの？

③ **What did you say?**
何て言いました？

答え方のポイント

ソフトな口調なら「何？」だけでOK！

「え、今何て？」と聞き返すときの一番シンプルな形が①です。sorryなしでWhat? と強く言うと「何だって？」とキツい感じになりかねないので、Sorryをつけ、柔らかく言うのがコツです。②は「あなたは言った」という肯定文ですが、尻上がりのイントネーションで言うことにより「何て言ったの？」という疑問文にできます。「語尾を上げて疑問文」方式はいろいろなアレンジがききます。相手が話している途中で確認したいときは、進行形でYou were saying...?「今、何ですって？」と言うこともできます。親しい人以外なら、③のWhat did you say?「何て言いました？」が一番安全です。これは①のWhat? のフルバージョンです。どの文にもnow「今」が入っていませんが、会話の途中なので省略してよいのです。I wasn't listening.「聞いてなかった」、I missed it.「聞き逃しちゃった」などもあわせて使えます。

84 084

短く言う
発想の転換
プラスアルファ

「？」をクリアにする質問・確認表現②

初めて来るレストラン。
注文を取りに来たウエイターに
「オススメは何ですか？」と聞いてみよう！

ヒント シンプルに「何がいい？」と聞いてみよう

モデルアンサー 84

① **What is good?**
何がおいしいですか？

② **Any suggestions?**
オススメは？

③ **What do you recommend?**
何がオススメですか？

答え方のポイント

「オススメ」＝「いいもの」「（店の）提案」と考える

初めて入るお店なら、お店の人に人気メニューを聞くのがおいしいものへの近道です。そんなときの定番フレーズに、What is your specialty?「オススメは何ですか？」というものがあります。この場合のspecialtyはそのお店のオススメのことですが、そうした言い方を知らなければ、①のように「オススメ」＝「おいしいもの」＝「good」という発想でまったく問題ありません。②は〈Any＋名詞？〉で「～はある？」という意味で、suggestionは「提案」です。文頭につくDo you haveが省略された形です。お店の人の提案を聞く方法ですね。recommend「勧める」を知っている人は③が出てきたかもしれません。ほかに、What should I have (eat)？「何を食べるべき？」といった表現でも、お店の人からオススメを聞き出すことができます。

85 🔊 085

短く言う
発想の転換
ブラスアルファ

「?」をクリアにする質問・確認表現③

休日にホテルでビュッフェランチ。

お腹いっぱいになって幸せそうな友人に

「満足した?」と声をかけよう!

ヒント 満足するとどんな気分?

モデルアンサー

85

① **Happy?**

幸せ？

② **Are you full?**

お腹いっぱい？

③ **Did you enjoy the meal?**

おいしかった？

答え方のポイント

「満足」は happy で表せる

食事に限らず、相手が満足できたかどうか聞きたいときの一般的な言い方に、Are you satisfied?「満足した？」があります。be satisfied with ～「～に満足する」を覚えていると出てきますね。でも、それと同じくらいよく使われるのが、実は①です。「え、『幸せ？』って聞いちゃうの!?」と意外に思われるかもしれませんが、会議の終わりなど場を締めるときにも使われ、異論、疑問、不満な点はありませんか、と確認する意味で、Everyone, happy?「みなさん、これでよろしいですか？」というふうに聞かれることがあります。とってもカンタンでこなれた言い回しですので、機会があったらぜひ使ってみてください。「お腹いっぱい？」と考えて、②の言い方でもいいですね。Full? とひと言でもOKです。③は食事を終えたときに使われる定番フレーズです。相手が満足しているなら、笑顔とともにYes! と答えて食事の感想を話してくれるでしょう。

短く言う
発想の転換
プラスアルファ

86 086

「？」をクリアにする質問・確認表現④

仕事相手と電話で会話中。
電話番号を聞いたので、間違いのないよう
「復唱します」と言って確認しよう！

ヒント　要は「繰り返す」ということ

モデルアンサー 86

① **I'll repeat that.**
繰り返します。

② **Let me say it again.**
もう一度言わせてください。

③ **I'll say it once more.**
もう一度言います。

答え方のポイント

主語を忘れずにつけて、「繰り返す」「もう一度言う」

「復唱する」=「繰り返す」「もう一度言う」と考えれば難しくはありませんね。①が一番シンプルです。I'llはI will「これから〜します」の短縮形です。I'llを抜かないように注意しましょう。Repeat.だけでは、相手に「繰り返して」「もう一度言って」とお願いすることになってしまいます。「私」が繰り返すことをはっきりさせましょう。②は、say it again「それをもう一度言う」と、Let me 〜.「〜させて」を組み合わせた「復唱させてください」という表現。it「それ」は言い忘れてしまっても通じます。「もう一度言う」は③のような表し方でもOKです。once moreの代わりにone more timeでも同じ意味です。ちなみに「〜回」と言う場合は、two times「2回」、three times「3回」、a few times「数回」と数を表す語句にtimesをつけるだけです。①から③のあとにPlease listen and check.「聞いてチェックしてください」とつけ足せばさらに確実です。

87 087

短く言う

発想の転換

プラスアルファ

観光客をおもてなし！　案内表現①

地図を片手にキョロキョロしている観光客。

「お困りですか？」と声をかけてみよう！

ヒント　直訳せずに表現しよう

モデルアンサー

87

① **Are you ok?**
大丈夫ですか？

② **Do you need help?**
お手伝いしましょうか？

③ **May I help you?**
何かお手伝いできることはありますか？

答え方のポイント

「大丈夫？」「手伝おうか？」でOK

「困る」という日本語に引きずられて、trouble「トラブル」やproblem「問題」が思い浮かびそうですが、ここでの「お困りですか？」は「助けましょうか？」という気持ちから出る言葉ですから、手助けを申し出ればよいのです。「大丈夫ですか？」と聞く①の表現でシンプルに伝えることができ、気にかけている気持ちが伝わります。同じ意味のAre you all right? もいいですね。 All right? やOK? だけでも十分です。②の表現はhelp「助け」を使って、単刀直入に「助けを必要としていますか？」と言っています。まずはこう聞いて、イエスなのかノーなのか、相手の希望を知るのもコミュニケーションのコツです。③はこんなときの定番フレーズ。May I ～? は、「～しましょうか？」と意向を聞くときの丁寧な言い方です。店員さんが買い物客に言うと「いらっしゃいませ」、電話で言うと「どのようなご用件でしょうか？」という意味になります。

88 088

短く言う

発想の転換

プラスアルファ

観光客をおもてなし！　案内表現②

観光客に道を尋ねられた。

まずは「ここからすぐですよ」と答えよう！

ヒント 「ここからすぐ」とは要するに？

モデルアンサー

88

① **Very close.**

とても近いですよ。

② **Just there.**

すぐそこですよ。

③ **Not far.**

遠くないですよ。

答え方のポイント

「近い」と言えばいい

会話はテンポが大事。そして、道案内はシンプルなのがわかりやすい。何より、短い言葉で伝われば楽ちんです。というわけで、「ここからすぐです」もシンプルに言ってみましょう。要するに「とても近い」ということなので、①でOKです。「ここから」はわかりきったことですから、from hereはいりません。②や③も短くパッと言える表現です。Near here.「この近くです」やNearby.「近いです」も同じように使えます。まずはこう言うことで相手を「ここまでの道は間違ってなかったんだ」と安心させられます。道順を具体的に説明する前のワンクッションとしても有効です。「すぐ」であることを示すために、Only two minutes.「たったの2分ですよ」など、具体的な時間の目安を言うのもいいでしょう。

短く言う
発想の転換
プラスアルファ

89 089

観光客をおもてなし！　案内表現③

目的地は、少し歩けばすぐに見つかる場所。

「すぐにわかりますよ」と説明しよう！

ヒント 「見える」という単語を使おう

モデルアンサー 89

① **You can see it.**
見えますよ。

② **It's easy to find.**
すぐ見つかりますよ。

③ **You can't miss it.**
すぐわかりますよ。

答え方のポイント

「わかる」=「見える」「見つかる」

「わかる」という日本語につられて、understandやknowといった単語が出てきた人、惜しいです。この場合は、目的地について話しているので「見える」や「見つかる」と考えましょう。意味から考えるとイメージしやすいですね。ですから、seeやfindを使った①や②が言えればOKです。こうした場面でのオススメは③のフレーズです。これは、miss「見逃す」を使った表現で、「見逃すことができない（くらいわかりやすい）」ということ。道案内の定番フレーズです。It's a white building.「白いビルです」など建物の色や、Next to McDonald's.「マクドナルドの隣ですよ」など目印になるものをあげて具体的に説明できると、より親切です。ちなみに「マクドナルド」は、本場の発音は日本語の平坦な言い方と違って「メクドォ〜ノ」といった感じです。辞書アプリなどで確認してみてくださいね。

90 🔊 090

短く言う

発想の転換

プラスアルファ

観光客をおもてなし！　案内表現④

道を聞かれたが、自分にもよくわからない。

「この辺、詳しくないんです」と答えよう！

ヒント 「詳しくない」をシンプルに言うと？

モデルアンサー 90

① **I don't know around here.**
この辺、知らないんです。

② **I'm just visiting.**
立ち寄ってるだけなんです。

③ **I'm a stranger here.**
この辺の者じゃないんです。

答え方のポイント

「知りません」でOK

英語にしようとすると「この辺」や「詳しくない」で、ちょっとつまってしまうかもしれない言い回しですね。要は「わからない」ということなので、①のように「知りません」でOKです。I don't know.だけでも伝わりますが、これだけだとぶっきらぼうな印象になるので、around hereまたはthis areaを加えることで「この辺は」わからない、詳しくないという意味になります。②はvisit「訪れる」という単語を使うことで「地元ではないのでわからない」と伝わる表現です。I'm a visitor too.「私も立ち寄っただけなんです」やI don't live here.「ここに住んでないんです」でもいいですね。③はこうした場面の定番フレーズです。教えることができなかったときは、Sorry, I can't help you.「お役に立てなくてごめんなさい」とつけ加えると、感じよく会話を締められます。

91 🔈 091

短く言う
発想の転換
プラスアルファ

観光客をおもてなし！　案内表現⑤

観光客に駅までの道を聞かれた。
時間があるので「案内します」と言って
同行しよう！

ヒント　「案内する」は「連れて行く」と考える

モデルアンサー 91

① **Let's go together.**
ご一緒しますよ。

② **I'll take you.**
お連れしますよ。

③ **I'll show you.**
案内しますよ。

答え方のポイント

お互いにわかっている「駅まで」は省略してOK！

「あれ、to the stationはなくていいの？」と思ったあなた。はい、「お互いわかっていることは省略」でOKなのです。そのほうが会話のテンポも自然ですし、なによりカンタンです。もちろん目的地を確認したいときなどはTo ~ station? など復唱しても構いません。「案内」というと日本語の「ガイド」につられてguideを思い浮かべてしまいそうですが、英語では②や③のようにtakeやshowを使います。guideは詳しく説明しながらしっかり案内するイメージ、takeやshowは道を教えたりちょっと付き添ったりするイメージなので、この場面ではtakeやshowが自然なのです。自信がなければ、「案内する」だから要は「一緒に行く」だな、と考えて①の表現で十分伝わります。togetherが出てこなければ I'll go with you. でもOKです。

短く言う

発想の転換

プラスアルファ

92

🔈 092

観光客をおもてなし！　案内表現⑥

ガイド中の観光客に、

「浅草ってどんなところ？」と聞かれた。

まずは「すごく人気がありますよ！」と言ってみよう！

ヒント　シンプルに「素晴らしいところ」でOK

モデルアンサー 92

① **Very popular!**
とても人気ですよ！

② **Great place!**
素晴らしいところですよ！

③ **Everyone loves it.**
みんな大好きなところです。

答え方のポイント

「人気がある」＝「みんなが好き」と考える

「とても人気ですよ！」という①は思い浮かぶ人も多いのではないでしょうか。popularの代わりにfamous「有名な」を使ってもいいですね。これらの単語がとっさに出てこないときは、「素晴らしい場所」と考えて②のように言うこともできます。漠然としてはいますが、少なくとも訪れる価値のある場所だという情報は伝わりますし、まずはこう言っておくことで、どのように説明するか考える時間もできます。また、③のように言えば、popularという単語を使わずに人気だと伝えられますね。Many people visit there.「たくさんの人が訪れます」なども同様です。簡単な単語を使って言いたいことが説明できるようになると、英語を話すハードルがグンと下がります。There is a big temple.「大きいお寺がありますよ」、You can enjoy shopping streets.「仲見世通りを楽しめます」とプラスアルファの情報もどんどんつけ加えましょう。

93

🔊 093

短く言う
発想の転換
プラスアルファ

翻訳に困るコテコテ日本語表現①

パート仲間の誕生日。
「つまらないものだけど……」と謙遜しつつ
プレゼントを手渡そう！

ヒント 「ちょっとしたプレゼント」と考える

モデルアンサー 93

① **Small present for you.**
ちょっとしたプレゼントです。

② **A little something.**
ほんの少しだけど。

③ **It's not much.**
たいしたことないんだけど。

答え方のポイント

「つまらないもの」は「ちょっとしたもの」と考える

「つまらないもの」を直訳してboring presentなどと言ったら、かえって失礼になります。ここでは、謙遜しながらもネガティブにならない表現を使いましょう。①のsmallや②のa littleがまさにピッタリです。③のnot muchも「たくさんはないけど」と控え目な印象になります。ちなみに欧米流でいくならThis is a nice present for you!/Something very nice for you!「これ、あなたにすっごくいいもの！」と言うことができます。100円の物だとしても「あなたのために選んだ」ことが伝わり、もらう側もうれしいものです。欧米流では、I hope you like it.「気に入るといいんだけど」、Please open it!「開けてみて！」と続けるのもお決まりです。その場で包装を解いてHow cute!「かわいい！」など感想を言うのがあちらの礼儀ですので、プレゼントをもらったときは忘れずに。

94 🔈094

短く言う
発想の転換
プラスアルファ

翻訳に困るコテコテ日本語表現②

デートの約束があったのに、
仕事のトラブルで休日出勤の友人。
「お察しします」と声をかけよう。

ヒント 「言わなくてもわかる」という場面

モデルアンサー

94

① **I know.**

わかってるよ。

② **I'm sorry.**

大変だね。

③ **Don't say anything.**

（わかってるから）何も言わないで。

答え方のポイント

「察する」＝「あなたの状況をわかっていますよ」

「お察しします」は何を察するのかをあえて言わない日本的な言い回しですが、英語にも同じようなフレーズがありましたよね。「察する」は「わかっている」と表現すれば伝わりますから、①のように「（あなたの状況を）わかってますよ」と言えばOKです。I know how you feel.「君の気持ち、わかるよ」と言えば、何を理解しているのかがより具体的に伝わります。②はI'm sorry to hear that. を短くした形ですが、同情や共感をする際によく使われます。「あなたの状況はわかってるから、何も言わなくていいよ」と考えて、③のように表現しても伝わります。この場面では、困難な状況に対して理解を示しているので、You are having a bad day.「ついてない日だね」と加えてあげるとより共感を示すことができます。ほかにはThat's tough.「キツいね」やUnlucky.「ついてないね」なども使えますよ。

95 095

短く言う
発想の転換
プラスアルファ

翻訳に困るコテコテ日本語表現③

大学の友人から電話。自分がさっきまでいた
カフェテリアに来ているらしい。
「入れ違いになったね」と言ってみよう！

ヒント 「入れ違い」とは結局どうなったこと？

モデルアンサー 95

① **We couldn't meet.**
会えなかったね。

② **Bad timing!**
タイミング悪っ！

③ **I missed you.**
入れ違いだったね。

答え方のポイント

「会えなかった」でOK

これも日本語にとらわれず意味から考えてみましょう。要は「会えなかった」ということですね。ですから事実を述べている①のように言えばOKです。「会えたらよかったのに……」という気持ちもにじませられます。I was there, too.「自分もそこにいたよ」やI left before you came.「先に出ちゃったんだ」と言ってもいいですね。②の表現なら、より「会えなくて残念」な感じを表現できます。I was there. How unlucky!「自分もそこにいたんだよ。残念！」と続けてもいいですね。③のmissは「会いそこなう」の意味で「入れ違い」を表す言い回しです。「会えなくてさみしい」の意味もありますが、I missed the train.「電車に乗りそこねた」というように、「～しそこねる」という意味で使われることも多いので、覚えておいて損はありません。We missed each other.とも言えます。

短く言う
発想の転換
プラスアルファ

96 🔊 096

翻訳に困るコテコテ日本語表現④

大量の商品の品出し中。

「手伝うよ」とやってきたパート仲間に

「お言葉に甘えさせてもらうね」と答えよう！

ヒント 日本語に惑わされないようにしよう！

モデルアンサー 96

① **Thank you very much.**
本当にありがとう。

② **You are so kind.**
なんて親切なの。

③ **Thank you for your kind offer.**
親切な申し出ありがとう。

答え方のポイント

「親切に感謝する」と考えよう

「お言葉に甘える」は日本語独特の表現です。こういう場合は「本来の意味」に注目しましょう。ここでは、「お言葉」＝「親切な申し出」、「甘える」＝「受け入れる」ということですから、「親切にありがとう」と伝えればOKです。一番シンプルなのは①の表現です。②は直訳すると、「あなたは本当に親切ね」。あなたが親切だからお言葉に甘えることができた、ということです。①と②は、veryとsoの部分を強調して少し長めに発音すると、より感謝している気持ちを表現できます。「お言葉に甘える」に一番近い定番表現は、③のkind offer「親切な申し出、オファー」を使ったフレーズです。your offerが「お言葉」にあたります。Thank you for your ～. は「～」の部分にcooperation「協力」、help「支援」、support「サポート」、time「時間」、effort「尽力」などいろいろな言葉を入れられて便利です。

97 097

短く言う
発想の転換
プラスアルファ

翻訳に困るコテコテ日本語表現⑤

友人から、来週食事に行かないかと誘われた。

「金曜なら都合つくよ」と答えよう！

ヒント 「都合がつく」とはつまり？

モデルアンサー

97

① **Friday is ok.**

金曜ならいいよ。

② **I'm free on Friday.**

金曜なら空いてるよ。

③ **I'm not busy on Friday.**

金曜ならヒマだけど。

答え方のポイント

「金曜日はオーケー」でOK！

「『金曜日なら』の、『なら』って……？　『都合』って何て言うんだ？」と細部にとらわれると、英語にしにくい表現かもしれません。convenient「都合がいい」を使ったFriday is convenient.が決まり文句ですが、こうした単語が出てこなくてもあせらなくて大丈夫。①のようにシンプルに「金曜日はOK」でいいのです！　Friday is good.でもいいですね。曜日を主語にすれば、「曜日につく前置詞って何だっけ？」と迷う必要もありません。free「ひまな、予定がない」を使って、②のような言い方もできます。ここでもokを使ってI'm ok on Friday.と言うこともできます。「ひま」が出てこなければ、③のように「忙しくない」と否定文にすれば同じ意味になりますね。単語が出てこないときは「逆の意味の単語を否定文で使う」というワザが便利です。ちなみに、「金曜日ならいつでもいいよ」と言いたいときはAnytime on Friday.という言い方があります。

98 🔊098

短く言う
発想の転換
プラスアルファ

応援の気持ちを伝える励まし表現①

単位取得がかかったテストの出来が
イマイチだった友人。
「いいほうに考えよう！」と励まそう！

ヒント 「いいほう」ってどんな方向？

モデルアンサー 98

① **Think positively.**
前向きに考えて。

② **Be positive.**
前向きになりなよ。

③ **Look on the bright side.**
いいほうに考えようよ。

答え方のポイント

「いいほう」は「前向き」でOK

「いいほうに考える」＝「前向きに考える」「ポジティブに考える」ということです。落ち込んでいる人に寄り添ったあとは、早く元気を取り戻せるよう、こうした励ましのフレーズがよく使われます。「ポジティブ」は英語でも日本語と同じように使えます。①は動詞thinkを修飾するので、positivelyという副詞を使っていますが、口語表現では、Think positive.と形容詞を使うこともあります。②は形容詞positiveを使った「前向きになろう」と言う表現です。〈Be＋形容詞〉「〜になる」の構文です。かなり落ち込んでいる相手にはmoreを加えて、Be more positive.「もっと前向きになろう」と言うと、力強い励ましになります。③は落ち込んでいる人を元気づけるときの定番表現で、bright sideは「明るい側」つまり「いいほう」ということです。そこをlook on「見る」ことで「いいほうに考えようよ」とする表現です。この文ではthinkではなく、look on「見る」を使うのがポイントです。

99 099

短く言う
発想の転換
プラスアルファ

応援の気持ちを伝える励まし表現②

外国人にも人気の山を案内中。
頂上に近づいてきたので
「あとひと息！」と励まそう！

ヒント 「目的地までもうすぐ」というイメージ

モデルアンサー 99

① **Almost there!**
もうすぐですよ！

② **Nearly there!**
あと少しです！

③ **Getting there!**
近くなってきました！

答え方のポイント

「あとひと息」＝「もうすぐたどり着く」と考えよう

「あとひと息、だからOne more breath... ?」と日本語を直訳しては、残念ながら通じません。発想のコツは、「あとひと息（の距離）」＝「すぐ近く」と考えることです。すぐ近くにあるもの＝「頂上」なので、「頂上まであと少し」「頂上まで近い」となるのですね。「頂上」は直訳しなくてもthere「そこ（＝目的地）」でOKです。①は「もうほとんど目的地だよ！」という意味で、文字通りゴールテープは目の前、あと数秒でゴールするイメージです。nearly「近く」を使った②の表現は、almostよりは多少弱め、ゴールまではあとひと踏ん張りという印象ですが、その距離が限りなく近いことに変わりはありません。③は「そこに到着しつつある」という意味で、②とほぼ同じです。Gettingは、「〜に向かっている」という動きのニュアンスを出すことができるので、より生き生きとしたイメージですね。Getting close!「（ゴールが）近づいてきた！」という言い方もできます。

100

100

短く言う

発想の転換

プラスアルファ

応援の気持ちを伝える励まし表現③

帰国したら社会に出て働くという若い観光客。

「きっとうまくいくわよ！」と力づけよう！

ヒント 「うまくいく」とはつまり？

モデルアンサー

100

① **You will be fine.**
あなたなら大丈夫よ。

② **It will be ok.**
大丈夫ですよ。

③ **Everything will be fine.**
すべてうまくいくわよ。

答え方のポイント

「うまくいく」=「あなた(の未来は)は大丈夫」と考える

「うまくいく」は、これから先のことを想像して「あなたは大丈夫」と考えると、ぐっと表現しやすくなります。未来のことなのでwillを使うのがポイント。直訳の①は、実際よく使われる表現です。「大丈夫、心配ない」はfineで表すことができます。beの代わりにdoを使うとYou will do fine.「あなたならうまくやれるよ」というニュアンスになります。主語をItにした②は、It「それ=未来(の状況)」で、「未来は大丈夫」ということ。okの代わりにfineを使っても、もちろん大丈夫です。③は「うまくいく」と言うときの定番表現です。主語をEverythingにすることで「すべてうまくいくから安心してね」といったニュアンスになります。どの表現も、fineやokを、greatやwonderfulに変えると、「絶対に大丈夫だから!」とより強い励ましになります。Enjoy your new life!「新しい生活を楽しんでね(頑張ってね)!」などとつけ加えて、門出を一緒に祝いましょう。

あなたはなぜ
英語を学んでいるのですか？

英語をなぜ学んでいるかという基本的な問いに対し、あまり深くは考えていない人も多いのではないかと思います。それくらい、英語を学ぶことが当たり前になっているからかもしれません。特別な理由はなく単に好きだからとか、趣味だという人もいるでしょう。留学したい、海外で働きたい、資格を取りたい、海外旅行をしたい、外国人と友達になりたい、ボランティアガイドをしたい、とにかく話せるようになりたいなど、少し考えただけでもたくさんの理由が浮かんできます。これらは一見具体的な理由のように見えますが、実は漠然としていることも多いのです。思うように上達しないのはなぜだろうと悩む前に、少し基本に立ち返ってみましょう。

英語学習をするとき、あなたはどこまでのレベルを目指していますか？　例えば、TOEICテストで900点を超えたいという人は多いですが、本当にそこまでのレベルが必要なのでしょうか。ある程度のレベルに達したらTOEICから離脱し、自分の専門分野を英語で学ぶという選択肢もあります。実はそのほうが、本来必要とする実務英語は身につきます。海外旅行中のショッピングだけなら、英文法を完璧にマスターする必要はありません。使えそうなものに絞り、口をついて出るよう練習をするほうが役に立ちます。

勉強に固執するあまり、不要なことを頑張りすぎていないか、立ち止まって考えてみることが大切です。

英語学習の先に自分はどうなっていたいか、未来の具体的なイメージを描くことはできますか？　自分のありたい姿をリアルに想像してみましょう。外資系企業に転職しバリバリ働いている、流暢な英語でプレゼンしている、字幕なしで映画を楽しんでいる、ボランティアガイドで引っ張りだこなど。考えるだけでもワクワクしてきませんか？　リアルなイメージや目標は英語学習のモチベーションを上げ、迷いをなくし、適切な道筋を示してくれます。やる気が起こらずサボってしまいがちなときは、怠惰が原因ではなく、未来のありたい姿に変化が生じたのかもしれません。もう一度初心に返り、本当に目指すところはどこなのか、検証してみてください。

そしてイメージ通りの自分になるために、今の方法で本当にいいのか自問自答することが大切です。英語学習法はたくさんありますが、すべてが自分にとって有効なわけではありません。それどころか、無駄なことをしている可能性も大いにあります。

例えばビジネスの交渉ができる自分を目指しているのに、やみくもに単語帳のAから暗記していても、目標達成には直結しません。交渉に特化した語彙やフレーズをメインで覚えるなど、戦略の変更が必要です。勉強していることに安心せず、その方法が有効か、目標からずれていないかを冷静に判断し、不要だと思われることは思い切ってやめてみてください。

英語と付き合っていくなら、状況によって学習法を柔軟に変えていくのを恐れないことです。一喜一憂せず上手に調整しながら、未来の自分イメージをぜひ実現してください。

Good luck!（頑張って！）

Good luck!

【著者】
手塚　朱羽子（てづか　しゅうこ）
Effectcom（エフェクトコム）代表。青山学院大学大学院国際政治経済学研究科国際コミュニケーション修士課程修了。イギリスのロンドンにて、貿易業務、テレビ番組制作コーディネーション、通訳等の仕事に従事。帰国後は通訳ガイド、商談通訳、留学事業、企業研修の企画・営業・運営等の仕事に携わるほか、明治大学リバティアカデミーにて17年間、数多くの英語講座を受け持つ。現在は研修コンサルティングを行うほか、企業や教育機関にて、ビジネス英語関連の講座等を担当。英語でビジネスを行う際のスキルやコミュニケーション、異文化理解、日本文化紹介等の研修に加え、社会人対象にキャリア支援も行っている。
英検１級、全国通訳案内士、ケンブリッジ英検（CPE）、日本英語検定協会面接委員、国家資格キャリアコンサルタント、日本キャリア開発協会認定CDA。著書に『中学３年までの英語力で外国人とペラペラ話せるようになる本』（フォレスト出版）、『中学英語でスイスイ話せる仕事の英会話』（アルク）がある。
HP: http://www.effectcom.net
ブログ：http://effectcom.sblo.jp

【イラスト】
德永　明子（とくなが　あきこ）
イラストレーター。長野県出身。多摩美術大学グラフィックデザイン学科卒業。書籍、webなどで挿絵に限らず、キャラクター、漫画など様々なイラストを描く。オリジナルキャラクター「あかるいねこ」の展開もしている。
映画をよく見るので、英語は習得したいと常々思っています。
HP：http://toacco.com

音声DL付　英語の瞬発力を鍛える英会話トレーニング

2020年９月26日　初版発行

著者／手塚 朱羽子

発行者／青柳 昌行

発行／株式会社KADOKAWA
〒102-8177　東京都千代田区富士見2-13-3
電話　0570-002-301（ナビダイヤル）

印刷所／株式会社加藤文明社印刷所

●お問い合わせ
https://www.kadokawa.co.jp/（「お問い合わせ」へお進みください）
※内容によっては、お答えできない場合があります。
※サポートは日本国内のみとさせていただきます。
※Japanese text only

定価はカバーに表示してあります。

ISBN 978-4-04-604548-5　C0082